CINCO PRÁCTICAS DE CONGREGACIONES FRUCTÍFERAS

Robert Schnase
Obispo, Conferencia de Missouri
La Iglesia Metodista Unida

Abingdon Press
Nashville

09 10 11 12 13 14 15 16 17 18 — 10 09 08 07 06 05 04 03 02 01

HECHO EN LOS ESTADOS UNIDOS DE NORTEAMÉRICA

ÍNDICE

Agradecimientos 5

Introducción: Cinco prácticas de congregaciones fructíferas 7

1: La práctica de la hospitalidad radical 11

2: La práctica de la adoración apasionada 35

3: La práctica del desarrollo intencional de la fe 61

4: La práctica de misión y servicio arriesgados 82

5: La práctica de la generosidad extravagante 107

6: Excelencia y mucho fruto 129

AGRADECIMIENTOS

Este proyecto ha sido posible gracias a la ayuda de muchas personas. El obispo Bruce Ough fue el primero que inició mi interés en un lenguaje común para las prácticas congregacionales, y la obispo Janice Riggle Huie me alentó a compartir estos pensamientos con una audiencia más extensa. Agradezco a ambos su ayuda, consejo y apoyo. También agradezco al Dr. Gil Rendle del Instituto Aban por revisar el manuscrito y sugerir correcciones. La lectura perceptiva y las gentiles correcciones de Judy Davidson han mejorado esta obra considerablemente. Brenda Stobbe hizo muchas sugerencias prácticas y Erin Canine ofreció generosamente su creatividad para el diseño de la portada.

Estoy agradecido también al Gabinete de la Conferencia de Missouri, a la clases de la escuela dominical Seekers and Servants de la Community United Methodist Church en Columbia, y a otros pastores y laicos que han repasado el trabajo en progreso y ofrecido sus comentarios y ánimo. Y mi apreciación, por supuesto, a mi familia, Esther, Karl y Paul, por su paciencia conmigo cuando me dedicaba a la tarea de escribir el manuscrito tantas tardes para poder completar el libro entre otras responsabilidades.

Por último, ofrezco mi apreciación especial a los pastores, laicos y congregaciones de la Conferencia de Missouri de la Iglesia Metodista Unidad por el privilegio que me otorgaron de servir con ellos y la tarea maravillosa del ministerio que Dios nos ha dado. Doy gracias a Dios por todo lo que hacen para los propósitos de Cristo y por la Iglesia Metodista Unida. Deseo que nuestra obra conjunta continúe siendo fructífera, gozosa y para la gloria de Dios.

—Robert Schnase

CINCO PRÁCTICAS DE CONGREGACIONES FRUCTÍFERAS

Hospitalidad extrema y radical. Adoración apasionada. Desarrollo intencional de la fe. Misión y servicio arriesgados. Generosidad extravagante. Las personas buscan una iglesia con la forma y el sustento de estas características. La presencia y la fuerza de estas cinco prácticas demuestran salud, vitalidad y crecimiento en una congregación. Por medio de la repetición y mejora en la práctica de estas cualidades, las iglesias llevan a cabo su misión de hacer discípulos de Jesucristo para la transformación del mundo.

Estas palabras son contagiosas, y las congregaciones que se aferran a ellas se comportan de manera distinta. Las personas saben que la misión de la iglesia es la de hacer discípulos de Jesucristo, pero con todo buscan el entendimiento de cómo integrar esta gran misión dentro de sus vidas y sus iglesias de una forma práctica y dinámica. Estás palabras abarcan el proceso central con el que Dios utiliza a las congregaciones en la tarea de hacer discípulos. Las congregaciones, a su vez, ofrecen con gracia la invitación, acogimiento y la hospitalidad de Cristo para que de esta forma las personas experimenten el sentido de pertenencia; Dios amolda almas y cambia mentes a través de la adoración, para crear el deseo de crecer más íntimamente con Cristo; el Espíritu de Dios nutre a las personas y madura su fe a través de la instrucción comunitaria; con esa madurez espiritual incrementada, las personas disciernen el llamado de Dios a ayudar a otras a través de la misión y el servicio; y Dios inspira a las personas a dar generosamente para que otras reciban la gracia que ellas mismas han llegado a conocer. Estas prácticas fundamentales son una parte tan integral de las congregaciones que si no se practican de una manera ejemplar, resultarán en la decadencia y el declive de la congregación. Las palabras que se utilizan para expresar estas prácticas son irresistibles porque nos trasladan desde las intenciones abstractas a una dirección práctica y personal del ministerio. Una vez que nuestra misión se convierte en práctica y se personaliza también es memorable y alcanzable.

Estas prácticas nos describen solamente las actividades que se producen en una congregación por las que Dios se mueve para atraer personas a una relación; además, trazan el sendero para crecimiento en el discipulado personal. Los seguidores de Cristo aspiran a crecer en la gracia y en el conocimiento y amor de Dios. Esto se alcanza por la repetición, aprendizaje y adiestramiento en su práctica personal de la hospitalidad, cuando se ponen bajo la influencia del espíritu de Dios en adoración, cuando intencionalmente buscan el crecimiento en la semejanza de Cristo a través del aprendizaje en comunidad y cuando practican la compasión y la generosidad en formas concretas. En estas prácticas simples del discipulado cristiano, la gracia previniente, justificadora y santificadora de Dios se hacen visibles, reales y transforman las vidas.

Este libro está diseñado para motivar a los líderes de congregaciones para que reflexionen sobre sus propios ministerios y para hacerse preguntas como, "¿qué pasa cuando practicamos estas cualidades del ministerio en nuestras congregaciones? ¿En nuestras clases? ¿En el coro? ¿En los ministerios de grupos reducidos? ¿En los equipos de misión? Y ¿en las clases de liderazgo? ¿Cómo estamos practicando estas características en nuestro discipulado personal? Y, ¿cómo podemos mejorar?" La tarea de repetir, profundizar, extender, enseñar y mejorar estas prácticas debería llenar la agenda de nuestra iglesia, dirigir las juntas de la iglesia y moldear la capacitación de liderazgo.

La forma más visible por la que Dios entreteje a las personas dentro de su comunidad para cumplir la misión de Cristo es a través de las congregaciones, y estas cinco prácticas proporcionan a las congregaciones un lenguaje común. Como resultado del trabajo con un lenguaje común, la misión de las congregaciones y su confianza en su futuro se hacen aparentes. Las congregaciones vivas, que producen fruto y crecen, son aquellas que practican con naturalidad estas características y buscan constantemente maneras de desarrollarlas aún más.

El lenguaje que expresa estas características posee una historia interesante. El obispo Bruce Ough escudriñó las Escrituras en buscan de imágenes que describieran la vitalidad de las congregaciones para la Conferencia del Oeste en Ohio de la Iglesia Metodista Unida. El obispo Ough utilizó la historia del ciego

Bartomeo para identificar cuatro aspectos –hospitalidad extrema, adoración apasionada, relaciones de formación de fe y servicio arriesgado. La primera vez que las escuché mi di cuenta del extraordinario poder que tienen las expresiones simples y claras. Algunas de las palabras de Ough encontraron su origen en otros escritos y en tentativas tempranas de articular un lenguaje común y directo para describir los elementos básicos de la vida comunitaria en Cristo. Al reflexionar sobre mi propio trabajo pastoral, añadí otro aspecto que facilita el ministerio fructífero de la congregación: generosidad extravagante. Después de hacer unas revisiones menores, comencé a enseñar y predicar estas cinco prácticas de crecimiento congregacional en las iglesias metodistas unidas de la conferencia de Missouri. Gradualmente, otros líderes de la iglesia comenzaron a enseñarlas también, algunos añadieron sus propias revisiones.

Estas palabras han cobrado vida por sí mismas, y estoy asombrado de cómo estas prácticas siendo tan sencillas y directas, intensificadas por fuertes propósitos, han capturado la imaginación de los líderes de la iglesia y les han impulsado a ofrecer una calidad de ministerio más alta. Estas prácticas han servido para crear estrategias congregacionales y estimular juntas de la iglesia, clases de la Escuela Dominical, líderes de misiones y pastores que producen mayor fruto para la gloria de Dios. Dirigidas por el Espíritu de Dios, estas palabras pasan de conferencia a conferencia, de congregación a congregación y de pastor a pastor como instrumentos poderosos que nos incitan al ministerio enfocado, intencional y creativo.

Estas palabras son peligrosas, causan tensión y son provocativas. Las prácticas son básicas y fundamentales para la fortaleza congregacional, pero los objetivos las intensifican hacia lo inesperado y lo ejemplar. Las congregaciones vibrantes, con fruto y en crecimiento no se paran en la práctica de la hospitalidad *amable*, el servicio y la misión *provechosos* o en la generosidad *prudente*. Sus prácticas son extraordinarias, excepcionales, minuciosas y radicales; son *extremas, apasionadas, intencionales, arriesgadas y extravagantes*. Estas palabras nos guían y resultan en preguntas provocativas en cuanto a nuestras propias prácticas congregacionales. No hay iglesia que, siendo vibrante, tenga fruto y esté en crecimiento, efectúe su ministerio exactamente de la misma forma que lo hizo en los años 50, y no hay pastor que guíe congregaciones que son vibrantes, con fruto y en crecimiento que practique el ministerio como lo hizo en los años 70 u 80. Las congregaciones eficaces cambian, mejoran, aprenden y se adaptan para cumplir su misión, y estas palabras nos llevan a repensar nuestra cultura, organización y prácticas básicas de nuestras congregaciones.

He recibido estas ideas y palabras de otras personas y ahora las encomiendo a una audiencia más extensa por medio de este libro, no con la intención de contenerlas o incluso apropiármelas, sino para darles mayor vida para la gloria de Dios. Las personas quieren lo mejor para sus congregaciones. Aspiran a cumplir la misión de la iglesia de hacer discípulos, e intuitivamente saben que la congregación es el canal principal mediante el cual Dios forma a las personas dentro del cuerpo de Cristo. Y, sin embargo, muchas personas laicas y clérigos encuentran dificultad a la hora de dividir esta misión universal en tareas alcanzables y estrategias prácticas que fortalezcan la iglesia. El propósito de este libro es el de permitir, enfocar y animar el cambio creativo y el crecimiento del ministerio.

Personas de todas las edades están ansiosas por ver congregaciones que abracen estas características, iglesias que les reciban benignamente y les inviten a su interior, que les conecten con Dios a través de la adoración verdadera, que les ayuden a profundizar en su fe, y que les expandan de tal forma que impacten en las vidas de otras personas por medio del servicio y la generosidad. Las iglesias, sean grandes o pequeñas, urbanas, en suburbios o rurales, con estas características forman discípulos y trasforman comunidades.

Utilice este libro en sus clases de la escuela dominical, o de estudio bíblico. Mantenga conversaciones honestas y positivas en cuanto a las prácticas de su congregación y las formas en la que podría adquirir mayores resultados para la gloria de Dios. Ofrezca un estudio de cinco o seis semanas para centrarse en estas disciplinas esenciales en la vida de la iglesia. Pida a los miembros de la junta de la iglesia y líderes de misiones y patrocinadores de jóvenes que formen parte de un diálogo significativo en cuanto a cómo Dios utiliza las congregaciones para hacer discípulos de Jesucristo a través de estas prácticas. Permita que estas prácticas den forma a la planificación de retiros y sesiones estratégicas de líderes laicos, pastores y del personal administrativo de la iglesia.

Permita que estas prácticas formen su propia reflexión en cuanto a su iglesia, su área de ministerio y su propio discipulado. Utilícelas, modifíquelas, profundice en ellas, ore en cuanto a ellas y extiéndalas para que cumplan la mayor tarea encomendada a la humanidad, la tarea de compartir la buenas nuevas que hemos visto y conocido en Cristo Jesús.

CAPÍTULO PRIMERO

LA PRÁCTICA DE LA HOSPITALIDAD RADICAL

"Por tanto, recibíos los unos a los otros, como también Cristo nos recibió, para gloria de Dios" (Romanos 15:7).

1.

Las congregaciones vibrantes, con fruto y en crecimiento, practican la hospitalidad radical. Con amor genuino hacia Cristo y otras personas, los laicos y pastores de estas congregaciones toman la iniciativa de invitar, dar la bienvenida, incluir y apoyar a personas nuevas, y les ayudan a crecer en la fe al ser incluidas en el cuerpo de Cristo. Sus miembros se centran en esas personas fuera de su congregación con la misma pasión con la que atienden, nutren y ayudan a desarrollarse a quienes ya pertenecen a la familia de fe, y recurren a su creatividad, energía y eficacia a esta labor, excediendo toda expectativa.

Las palabras *radical y hospitalidad* no aparecen generalmente juntas en la misma frase. Para que la iglesia avance, probablemente deberían ir juntas.

La hospitalidad cristiana se refiere al deseo activo de invitar, acoger, recibir y cuidar a esas personas ajenas, para que de esta forma encuentren una familia espiritual y descubran por sí mismas la interminable riqueza de la vida en Cristo. Describe el amor genuino hacia otras personas que no son todavía parte de la comunidad de fe, es un enfoque hacia fuera, un deseo de alcanzar a esas personas que no conocemos todavía, un amor que motiva a los miembros de la iglesia a la apertura y adaptabilidad, al deseo de cambiar comportamientos para poder así acomodar las necesidades y recibir los talentos de los recién llegados. Más allá de la mera intención, la hospitalidad practica el atento amor de Cristo, respeta la dignidad de otros y extiende la invitación divina a otros, no la nuestra propia. La hospitalidad es la marca del discipulado cristiano, es una característica de la comunidad cristiana, una expresión concreta de compromiso al crecimiento a la semejanza de Cristo al vernos a nosotros mismos como parte de la comunidad de fe, "no para ser servido, sino para servir" (Mateo 20:28). Al practicar la hospitalidad, llegamos a ser parte de la invitación de Dios a una vida nueva, mostramos a las personas que Dios en Cristo las valora y las ama.

La hospitalidad fluye a través de las Escrituras. En Deuteronomio, Dios alienta al pueblo de Israel a que reciban al forastero, al transeúnte, al que vaga. ¿Por qué? "Porque extranjeros fuisteis en la tierra de Egipto" (Deuteronomio 10:19).

También nosotros fuimos, en un tiempo, extranjeros a la fe, residíamos fuera de la comunidad en donde ahora encontramos riqueza de significado, gracia, esperanza, amistad y servicio.

"Un ministerio espectacular"

Al comenzar Ann Mowery su pastorado en una congregación rural pequeña, la asistencia en esa iglesia era de 100 personas de edades mixtas, la mayoría de ellas adultas mayores. Después de siete años, la asistencia ha aumentado a más de 150 personas, y la congregación ha edificado un nuevo comedor y renovado el salón de los jóvenes. El secreto de este éxito ha sido el ejercicio de hospitalidad activa que se ha contagiado por toda la congregación. En tal manera, que cuando una madre, que visitó la iglesia, se sintió incómoda cuando su bebé alborotaba durante la adoración, Ann se reunió con los líderes de la congregación y juntos reconocieron el valor de la presencia de niños y niñas en la iglesia. De ahí surgió la necesidad de hacer algo para que esa madre se sintiera más a gusto. Para mostrar su apoyo a esta joven madre, compraron una mecedora muy acogedora, con cojines y la situaron detrás del último banco del pequeño santuario. La palabra se difundió, y pronto tuvieron que añadir otras dos mecedoras para poder acoger a esas madres que pensaban que esa congregación era la más acogedora de la zona. Las mecedoras para las madres con bebés, una sala de jóvenes modernizada, nuevas extensiones del edificio para acoger a los discapacitados–la pastora y la congregación hicieron uso de tales instrumentos para comunicar el lugar prioritario que ocupaba el acoger a más personas y a los jóvenes en esa iglesia.

Pertenecemos al cuerpo de Cristo gracias a la hospitalidad de otra persona. Alguien nos invitó, animó, recibió y ayudó a sentirnos acogidos –alguien en la familia, una amistad, un pastor o quizás un extraño. Por el amor de alguien fuimos injertados en el cuerpo de Cristo. Si no nos hubiéramos sentido acogidos y apoyados, no nos hubiéramos quedado.

Jesús dice, "fui forastero y me recogisteis" (Mateo 25:35). "En cuanto lo hicisteis a uno de estos mis hermanos más pequeños, a mí me lo hicisteis" (Mateo 25:40). Nuestro comportamiento hacia los que no conocemos cambiaría si realmente viviéramos de acuerdo con esta actitud.

Podemos imaginar el siguiente escenario en cualquier iglesia dada. Una madre soltera, joven, con un niño pequeño de su mano, en el pasillo de la iglesia, que mira a su alrededor incómoda por toda esa gente que no conoce en su primera visita a la iglesia. Alguien en su trabajo le dijo que le gustaba la música que se tocaba en esa iglesia y la invitó para que la visitara, al momento ella dudaba que su decisión hubiera sido una buena idea. Se preguntaba si tenían guardería en la iglesia, consciente de que su niño puede empezar a llorar en cualquier momento, sin saber todavía donde estaban los baños, y siendo demasiado tímida para hacer preguntas, cuestionándose en su mente si ese era el lugar adecuado para ella o si esa iglesia sería apropiada para ella. ¿Dónde se sentaría y qué pasaría cuando se siente sola con su niño? ¿Hará demasiado ruido el niño? Siente la necesidad de la oración, de conectarse con otras personas, de un estímulo que le levante el ánimo por encima de sus circunstancias de trabajo, de las facturas interminables, de los conflictos con su ex-marido y de las preocupaciones en cuanto a su hijo.

Ahora, imaginemos qué pasaría si alguien tomara las palabras de Jesús seriamente. Miraría a esta persona en la totalidad de esperanzas y ansiedades, deseos e incomodidades que lleva consigo, y pensaría: "Ella es miembro de la familia de Jesús, y Jesús quiere que la tratemos como si estuviéramos tratando a Jesús mismo si él estuviera aquí". Con esto en mente, ¿cómo sería la calidad de nuestro acogimiento y nuestro esfuerzo para hacerla sentirse cómoda? ¿Cuál sería nuestro entusiasmo a la hora de ayudar, servir, recibir atentamente, apoyar y alentar a alguien? Tomar a Jesús seriamente cambia el comportamiento de una congregación.

A cada oportunidad, los discípulos parecen listos a establecer impedimentos y distancias para mantener a las personas a distancia de Jesús. Tienen miles de razones para ignorar, evitar y, a veces, hasta frustrar todo intento de las personas a acercarse a Jesús, y le recuerdan a Jesús que algunas de estas personas son demasiado jóvenes, o están demasiado enfermas, o son demasiado pecaminosas, viejas, romanas, ciegas o gentiles para merecer su atención.

Jesús enseña, "Cualquiera que reciba en mi nombre a un niño como este, a mí me recibe" (Mateo 18:5). Cada vez Jesús desafía en extremo las expectativas de sus discípulos al cruzar esas líneas demarcadoras que impiden que las personas se acerquen. La hospitalidad nos hace ver a las personas de la misma manera que Jesús las ve, y nos hace ver a Jesús en las personas que Dios trae delante de nosotros.

Sin embargo, la hospitalidad de Jesús va más allá de una bienvenida cordial cuando alguien se acerca a la entrada de la iglesia, del saludo amable y después sentirnos bien por haber completado nuestra obligación. Jesús nos cuenta una parábola de sí mismo, y dice, "El rey dijo a sus siervos: Id a las salidas de los caminos y llamad a la boda a cuantos halléis" (Mateo 22:9). Seguir el ejemplo de Jesús y reunir a las personas dentro del cuerpo de Cristo, invitarlas al banquete del amor atento de Dios, requiere un enfoque intencional hacia quienes están fuera de la comunidad de fe. El ejemplo de Cristo de hospitalidad demanda una postura de incesante invitación que llevamos con nosotros a nuestro mundo de trabajo y placer y a nuestra práctica de ciudadanía y servicio a la comunidad. Conlleva que nos veamos a nosotros mismos como enviados de Cristo, y exceder, e incluso arriesgar, nuestro sentir de vergüenza o inconveniencia para invitar a las personas

---

"Flores frescas, comidas gratis, sin ofrendas"

Como obispo, he disfrutado el privilegio de observar muchos escenarios diversos del ministerio. Mientras buscaba indicaciones de hospitalidad radical en congregaciones suburbanas de alto crecimiento, me sorprendió la cantidad de pequeños detalles que ponían en práctica para atraer a esas familias tan ocupadas que viven en los suburbios. Los espacios en el estacionamiento estaban claramente demarcados para las visitas, los ujieres eran amigables y de gran ayuda, había folletos preparados profesionalmente para informar sobre la variedad de ministerios de la iglesia, tenían un centro de información, aparatos especiales para personas con impedimentos auditivos, cuartos repletos de accesorios para los bebés, y localizadores para las personas con niños y niñas en la guardería. También tenían flores recién cortadas en los lavabos que estaban impecablemente limpios, cubos de basura atractivos en cada entrada para que las personas depositaran su basura antes de entrar en la iglesia, y bastantes asientos con reposa-brazos para que las personas mayores pudieran apoyarse cuando se sentaran o levantaran de la silla.

Una iglesia rural ubicada en un condado rural bastante extenso decidió honrar a y mostrar apreciación por un grupo específico de personas un día al mes. El primer mes, prepararon bolsas con comida en las que pusieron una nota personal de agradecimiento y las entregaron a todos los granjeros que se encontraban trabajando el campo muchos kilómetros alrededor de la

a distintos aspectos del ministerio de la iglesia. La hospitalidad es oración, trabajo, hábito, práctica e iniciativa hacia los propósitos de Cristo.

Pablo imploraba a los seguidores de Cristo a practicar la hospitalidad activa. "Por tanto, recibíos los unos a los otros, como también Cristo nos recibió, para gloria de Dios" (Romanos 15:7). La gracia recibida de Cristo otorga a los cristianos el don gozoso y la tarea desafiante de ofrecer a otras personas la misma bienvenida que ellos mismos han recibido. La epístola a los Hebreos nos advierte, "No os olvidéis de la hospitalidad, porque por ella algunos, sin saberlo, hospedaron ángeles" (Hebreos 13:2). Las personas que recibimos en una congregación podrían resultar en esos individuos a través de los cuales Dios da gracia a otras vidas. Conforme la comunidad de fe recibe y asimila a personas nuevas, y acepta sus dones espirituales y talentos

iglesia. Otro día, entregaron comida al equipo voluntario de bomberos; otro, a los maestros y maestras de la zona; y otro, a los trabajadores del condado. Por un período de un año más de cien personas recibieron este regalo inesperado que les recordaba a todas las personas en el condado de la hospitalidad de la iglesia.

Una congregación urbana afroamericana anuncia antes de recibir la ofrenda que las personas que visitan no deben sentir la presión de ofrendar. "Ustedes son nuestras visitas y queremos que reciban las bendiciones de este culto. Nos alegra que estén hoy con nosotros".

En estas tres iglesias, los pastores y las congregaciones tienen la meta de acoger y dar la bienvenida a las personas de fuera y de invitarlas a la iglesia. En estas tres iglesias, los pastores ofrecen una invitación positiva sin presionar durante los himnos de clausura de cada culto. "Si quieren ser miembros de esta congregación y profesar su fe o transferir su membresía de otra iglesia, están invitados a pasar al frente. Nos encantaría invitarles al ministerio de nuestra congregación. O si prefieren hablar de esto con el pastor (o pastora), pueden hacerlo después del culto o llamarme por teléfono para vernos durante la semana".

naturales, sus experiencias en la vida y perspectivas en cuanto a la fe, la iglesia cambia y su ministerio se expande. Dios utiliza a las personas nuevas para inyectar nueva vida en las congregaciones.

Juan Wesley y los primeros metodistas practicaron la hospitalidad de forma tan radical para sus días que muchos de los líderes tradicionales de la iglesia consideraron sus actividades ofensivas. Wesley predicó a miles en las carreteras y en campo abierto para poder llegar a los mineros del carbón, trabajadores de la tierra, de fábricas, a las clases bajas y a los más pobres entre los pobres. Los invitó a la comunidad y plantó en ellos un sentido fuerte de pertenecer a algo cuando organizó sociedades y clases en las que se responsabilizaban los unos de los otros, se apoyaban y preocupaban por otros. Wesley habló de la gracia previniente de Dios; la gracia que precede y prepara y que atrae a las personas a Dios.

De acuerdo con Wesley, antes de que las personas vienen a la fe conscientemente, tienen el deseo interno de una relación con Dios, este deseo esta reprimido, olvidado, abandonado, ignorado o negado. Por la gracia que precede conciencia o decisión, Dios crea la disposición para la fe en el individuo y fomenta el naciente anhelo de agradar a Dios. Por la gracia de Dios, las personas pueden estar más dispuestas de lo que creemos a aceptar la invitación e iniciativa de Cristo que viene a través de la hospitalidad atenta. Así como la gracia previniente capacita a las personas a decidir acercarse a Dios, también la gracia de Dios funciona a través de la iglesia para ofrecer un amor acogedor y cariñoso. A través de la práctica de la Hospitalidad radical, los metodistas antiguos, de igual forma que los metodistas unidos de hoy, expresan esta bienvenida atenta de Dios en Cristo. Dios anhela relacionarse con las personas. La gracia de Dios activa el interés y el deseo de esta relación al igual que esta gracia da forma a la disposición de invitar que las congregaciones expresen para extender su amor.

2.

He servido en una congregación que quería profundizar en su entendimiento de la hospitalidad, para crecer más allá de esas pautas prácticas que se recomiendan en libros de evangelismo, asimilación y seguimiento de las visitas. Seguíamos todas las técnicas adecuadamente –señalizaciones adecuadas, estacionamiento accesible, ujieres entrenados, un sistema de seguimiento de nuestros visitantes. Sin embargo, estábamos buscando una cultura de hospitalidad que se extendiera a nuestras clases dominicales, equipos de misión, coros y ministerio con la juventud. Invité a diez líderes de la iglesia para que se comprometieran conmigo a una sucesión de almuerzos en los que estudiaríamos y reflexionaríamos en profundidad la idea de acoger a las personas dentro del cuerpo de Cristo. Estos líderes amaban la iglesia, vivían su fe y eran personas que otras seguían naturalmente. Ajustaron sus horarios de trabajo y responsabilidades familiares para poder reunirse hora y media, una vez a la semana, durante seis semanas. Les entregué copias de un pequeño libro titulado *Widening the Welcome of Your Church* (Fred Bernhard y Steve Clapp, Lifequest Publishing) y les envié una carta con las lecturas asignadas para cada semana y los pasajes bíblicos correspondientes como guía para nuestra conversación. Compartir en cuanto a nuestros peregrinajes en la fe era el eje de nuestro tiempo juntos, no el contenido del libro.

En nuestra primera sesión, compartimos cómo cada persona del grupo había llegado a formar parte del cuerpo de Cristo. Discutimos preguntas como: ¿Quién nos invitó? ¿Quién nos trajo a la iglesia? ¿Dónde nos empezamos a involucrar y qué clase de ministerio o actividad atendimos por primera vez? ¿Cómo nos sentimos en esos primeros encuentros con el cuerpo de Cristo? ¿Qué dificultades tuvimos que superar? Hablamos de personas, lugares, servicios, ministerios, pastores y estudios que Dios utilizó para formarnos. Algunas personas mencionaron experiencias en las que querían formar parte de otras iglesias y encontraron resistencia, obstáculos y frialdad. Después, hablamos de los que nos habían dirigido a First Church, la congregación a la que ahora pertenecemos. ¿Cuándo fue la primera vez que oímos de esta iglesia? ¿Cómo fue nuestra primera experiencia de adoración en esta congregación? ¿Qué fue lo que nos fortaleció y nos hizo sentirnos bienvenidos o qué fue lo que nos hizo sentir dificultades para hacer la conexión con la congregación? Muchos de los participantes se sorprendieron al oír lo difícil que les resultó a algunas personas sentirse acogidas o incluso cuánto tiempo pasó hasta que se sintieron acogidas. Otros mencionaron determinadas personas o eventos que les abrieron las puertas y les ayudaron a sentirse parte de la comunidad de fe. La conversación que se produjo fue conmovedoramente honesta y profunda, en ella se entrelazaron las experiencias de miembros antiguos con las de miembros que acababan de unirse a la iglesia.

En otra de las sesiones, discutimos el significado teológico de la iglesia como cuerpo de Cristo, e indagamos en el "por qué" de la invitación, acogimiento y hospitalidad. ¿Por qué invitamos y acogemos a personas a nuestro grupo? ¿Para impresionar al obispo con nuestras estadísticas y números? ¿Para poder sobrevivir como institución y crear un presupuesto más estable? Discutimos el propósito fundamental por el cual la iglesia existe: para traer a las personas a una relación con Dios a través de Jesucristo, y ver cómo esta relación cambia vidas. Vivir en comunidad con otras personas es parte del plan y la intención de Dios para con nosotros. Una congregación es una escuela de amor, el lugar donde el espíritu de Dios nos forma y el lugar donde aprendemos a dar y recibir amor a amistades, vecinos y personas que no conocemos. La iglesia es la presencia de Cristo en el mundo, el medio por el cual Dios nos entreteje en su comunidad para transformar nuestras vidas y las vidas de los que nos rodean. Para mantener la discusión producente, evitamos centrarnos prematuramente en técnicas y estrategias, y nos concentramos en el propósito fundamental de la hospitalidad cristiana.

En otra de las sesiones hablamos honestamente de los dones mayores que hemos recibido en nuestra relación con Cristo a través de la iglesia. Las personas describieron cómo les habían ayudado First Church a criar a sus hijos e hijas, y recordaron momentos de gracia y ternura que les habían sustentado en tiempos de pena y tristeza. Dieron gracias a Dios por esas amistades cercanas que habían adquirido en la iglesia y que les habían ayudado a modelar sus vidas, y por el conocimiento obtenido al enfrentar los desafíos de la vida. Más aún, consideramos con franqueza, sin jactancia o espíritu de falsa modestia, cuáles habían sido las mayores contribuciones que hemos realizado para edificar el cuerpo de Cristo. Algunas personas hablaron de cuando enseñaron en el grupo de adolescentes en la escuela dominical, otras de los proyectos misioneros que habían dirigido y otras de las contribuciones financieras que habían hecho para proyectos determinados. Después de que todos los participantes compartieran sus experiencias, sugerí que pensáramos en otra contribución que quizás se deba hacer o se deba considerar hacer. La mayor contribución que podemos hacer al cuerpo de Cristo es invitar a alguien o ayudar a una nueva persona a que se sienta genuinamente bienvenida para que pueda recibir lo que nosotros hemos recibido.

A veces los miembros olvidan que las iglesias tienen mucho que ofrecer a las personas. ¿Qué es lo que las personas necesitan y que las congregaciones ofrecen? Adam Hamilton, en *Leading Beyong the Walls,* nos recuerda (en la pág. 21) que toda iglesia debe ser clara en su respuesta a las preguntas, "¿Por qué necesitan las personas a Cristo? ¿Por qué necesitan las personas la iglesia? Y ¿por qué necesitan las personas esta congregación en particular?" ¿Es demasiado presuntuoso, egoísta o arrogante el percibir una responsabilidad, o incluso un llamado, de invitar y animar a otras personas para que puedan recibir lo que nosotros ya hemos recibido?

¿Qué es lo que las personas que ya pertenecen a la comunidad de fe han recibido que nuestro prójimo necesita? Teológicamente, la respuesta podría ser, "una relación con Dios a través de Jesucristo". Esto es demasiado abstracto para muchos, y a veces lleno de experiencias negativas para otros muchos, experiencias de estilos de evangelización intrusos y agresivos. Sin embargo, la pregunta persiste, ¿cómo expresamos con integridad y claridad lo que ansiamos que otras personas reciban? ¿Qué necesitan las personas que la iglesia ofrece?

Las personas necesitan saber que Dios las ama, que tienen valor supremo y que sus vidas tienen significado. Las personas necesitan saber que no están solas, que cuando encaran las dificultades de la vida se encuentran rodeadas por una comunidad de gracia, que no tienen porque saber con certeza cómo van a encarar las tensiones familiares, las dudas, esos tiempos de desesperación, de decadencia económica, o las tentaciones de hacer daño a alguien o a uno mismo. Las personas necesitan conocer la paz que fluye más profundamente que la ausencia de conflicto, la esperanza que las sostiene durante los momentos más dolorosos, el sentido de pertenecer a una comunidad que las bendice, las hace crecer y las levanta más allá de sus propias preocupaciones. Las personas necesitan saber cómo perdonar y aceptar el perdón, y cómo servir y ser servidas. Como una escuela de amor, la iglesia llega a ser la congregación donde los individuos aprenden unos de los otros cómo amar. Las personas necesitan saber que la vida, más que tener algo de qué vivir, es tener algo por qué vivir, que la vida viene no del tomar para sí mismo, sino del darse a sí mismo. Las personas necesitan tener un sentido prolongado de propósito.

Dicho esto, lo último que la gente quiere que se le diga es qué es lo que necesita. Para invitar a personas a la comunión con Cristo no hace falta machacarlas con los "ustedes deben" o "ustedes deberían". Algunas personas son conscientes de sus necesidades, y buscan significado para sus vidas, y saben de su necesidad de otras personas y de Dios. Sin embargo, muchas personas reconocen sus necesidades por la gracia de Dios y por el amor de Cristo a través de su experiencia de conversión. Hay incontables historias de personas que no sabían cuánta necesidad tenían de una comunidad genuina hasta que la experimentaron; de personas que no sabían de su necesidad por una conexión con Dios, que se encuentra en la adoración comunitaria, hasta que empezaron a atender regularmente a la iglesia; de personas que sentían que les faltaba algo en sus vidas y no lo supieron hasta que se sumergieron en el servicio regular a otras personas con necesidades. Cuando invitamos a personas a un estudio bíblico, a un grupo de apoyo cristiano de madres solteras, al ministerio de la oración, a cantar con el grupo de alabanza, a ayudar en un proyecto de servicio o a ayudar en el ministerio de alimentar a los pobres, estamos proporcionando un sendero por el que el Espíritu de Dios da forma al alma humana. Con tales ministerios, el Espíritu llena esos espacios vacíos en las vidas de las personas, y la atenta invitación de Dios las llama fuera de sí mismas al mundo del ministerio de Cristo. El poder de una invitación a cambiar la vida de una persona nunca debe de subestimarse. Quizás ésta es la manera en la que Dios nos cambió a cada uno de nosotros.

Mientras trabajaba en un hospital en el programa de capacitación de la clerecía, me llamaron a la sala de urgencias para asistir a un anciano. Su esposa había llegado al hospital en una ambulancia. Ambos comenzaron la mañana sin tener la menor idea de lo que iba a acontecer ese día. Después de ir de compras, fueron a un restaurante, y mientras comían la esposa sufrió un ataque al corazón y la llevaron de inmediato al hospital. Poco después de llegar a la pequeña sala de consultas donde se encontraba el esposo, uno de los doctores se le acercó y le comunicó que su esposa había fallecido. El doctor me entregó un sobre que contenía el anillo de matrimonio, un collar y las gafas de la esposa para que se los entregara al esposo. El esposo, como era de esperar, estaba inmerso en dolor. Después de pasar un rato, le pregunté si quería que llamáramos a su pastor. Pero no tenía pastor pues no atendía a ninguna iglesia. Le pregunté si quería que llamara a algún miembro de su familia para que le acompañase de vuelta a casa, y me dijo que su familia se encontraba esparcida por todo el país y que vivían a cientos de millas de aquí. Le pregunté si podía llamar a algún compañero de trabajo para estar con él, me dijo que estaba jubilado y que había trabajado en otra ciudad. ¿Hay algún vecino que pueda llamar? Me dijo que no sabía los nombres de ninguno de los residentes de su apartamento, pues sólo llevaba viviendo allí tres años. Le ayude con todos los impresos, me ofrecí para orar por él, le entregué el sobre que contenía las joyas y las gafas, lo acompañé a la salida y le vi caminar solo tratando de hacer frente a esas terribles noticias que había recibido.

La vida no tiene por que resultar de esta manera. La intención de Dios es que todas las personas vivan sus vidas entrelazadas, por la gracia de Dios, con otras personas, conocer el don y el papel de la comunidad desde el nacimiento hasta la muerte, tener las estructuras interpretativas de la fe para mantenerlas a través de tiempos de gozo y tiempos de agonía desesperada, tener la perspectiva de la eternidad, para asir la vida que es verdaderamente vida (1 Timoteo 6:19).

En la mayoría de las comunidades urbanas, del 40 al 60 por ciento de las personas no van a la iglesia. La mayoría de nuestros vecinos en las comunidades donde vivimos no conocen el nombre de un solo pastor al que puedan llamar cuando un calamidad inesperada acontece. La mayoría de nuestros compañeros de trabajo tienen unas pocas amistades cercanas y un círculo familiar, pero no conocen la gracia de apoyo que una iglesia ofrece. Muchas de las familias con las que nos encontramos en los partidos de fútbol de nuestros hijos e hijas o de las bandas de música del colegio, la mayoría de los estudiantes universitarios que conocemos, las personas que reparan nuestros vehículos y nos sirven en los restaurantes no tienen un grupo con el que se reúnen para aprender los fundamentos de la paz, la justicia, el arrepentimiento genuino, el perdón, el amor y la gracia sin méritos. La mayoría de las multitudes que llenan los centros comerciales donde compramos, o se sientan detrás de nosotros en el cine y en los conciertos no saben qué es cantar con otras personas ni la experiencia que levanta nuestro espíritu más allá de lo que las palabras pueden expresar. La mayoría de los que están con nosotros en las paradas del autobús, que se sientan enfrente de nosotros en las salas de espera, que llevan a sus hijos al colegio a dos manzanas de nuestras casas no forman parte de una comunidad que les propulsa al servicio, a arriesgarse por otros, a practicar la generosidad.

La práctica de la hospitalidad no consiste en impulsar la iniciativa de la membresía a una organización cívica. Tampoco es invitar a las personas a formar parte de una asociación para propulsar sus ingresos con tarifas de membresía. Invitamos a las personas a una comunidad que se sostiene misteriosamente y que encuentra su propósito de ser en la vida, muerte y resurrección de Jesucristo. En la vida que él vivió –las lecciones que enseñó, las personas que tocó, la sanidad que ofreció, el perdón que dio, el amor que mostró y en su sacrificio– está la vida que es realmente vida.

"Somos una iglesia muy acogedora. La hospitalidad es nuestro fuerte". A veces los puntos fuertes de las iglesias, clases y coros son también sus puntos débiles. Los miembros de la iglesia se aman tanto entre ellos, sus vidas están tan entrelazadas y sus intereses tan entretejidos que los grupos de la iglesia se vuelven impenetrables para personas nuevas. Esa cercanía separa a las personas nuevas, las hace sentirse como extrañas que miran dentro de un grupo, y esas personas dentro ni se dan cuenta. Se sienten contentas porque sus necesidades están cubiertas.

La hospitalidad quiere decir que oramos, planeamos, preparamos y trabajamos con el propósito de ayudar a otros a recibir a Cristo. La hospitalidad va más allá de la amabilidad hacia los que vienen por primera vez, de las etiquetas con nombres de los ujieres, y del añadir señales para las visitas, aunque esto sea importante. La hospitalidad es una característica de iniciativa espiritual, la práctica de un amor activo y genuino, una gracia que no se ve afectada por el interés propio, una apertura de nosotros mismos y de nuestra comunidad de fe para recibir a otros. Cuando el espíritu de la hospitalidad de Cristo impregna una congregación, es entonces cuando cada cántico, ministerio de jóvenes, clase de la escuela dominical, equipo de misiones, estudio bíblico y ministerio para alcanzar a otras personas se preguntan: ¿Cómo estamos realizando la tarea de invitar a otros y apoyar a los que vienen por primera vez dentro de nuestra familia de la iglesia? Y, ¿en qué podemos mejorar?

3.

Si la cualidad bíblica de la hospitalidad incluye todas estas facetas, ¿por qué intensificamos el significado de la hospitalidad con el adjetivo "radical"? ¿Qué es la hospitalidad radical?

Radical significa "perteneciente o relativo la raíz" y describe practicas que están enraizadas en la vida de Cristo y que irradian sobre las vidas de otras personas. *Radical* significa "extremoso, tajante, fuera de la práctica normal", y, de esta forma, produce practicas que exceden las expectaciones, que caminan la segunda milla la cual es necesaria para dar la acogida al extraño en extremo. Con la palabra *radical*, no pretendo referirme a acciones descabelladas, fuera de control, o impositoras. Me refiero a personas que se ofrecen así mismas al máximo su creatividad, habilidades y energía para proporcionar a otras la atenta invitación y acogida de Cristo. Las iglesias que se caracterizan por su hospitalidad radical no son solamente amigables y amables al recibir con pasividad calurosa a sus visitas. En vez, exhiben inquietud por que se dan cuenta de la gran cantidad de personas que hay que no tienen una relación con una comunidad de fe. Sienten el llamado y la responsabilidad a la oración, a planificar y participar en la invitación de otras personas y les ayudan a sentirse acogidas y apoyadas en su peregrinaje por la fe. Las personas de estas iglesias quieren aprender cómo invitar y acoger a más personas, a personas jóvenes y a personas diversas a sus congregaciones.

Las iglesias que practican la hospitalidad radical ofrecen una sorprendente e inesperada profundidad en la calidad y autenticidad en su atención hacia el extraño. Las personas que vienen por primera vez instintivamente se percatan de que "Estas personas de veras se preocupan por mí. Quieren, de verdad, lo mejor para mí. No soy simplemente una más, parte de la clientela o una extraña aquí. Me han invitado con ellos al cuerpo de Cristo". Esto es la hospitalidad radical. Las congregaciones sorprenden a la persona nueva con la experiencia del inmérito y atento amor de Dios que ellas han experimentado en Cristo.

La hospitalidad radical da forma al trabajo de cada voluntario o miembro del personal de la iglesia. Todos oran, planean y actúan para que sus ministerios concretos con niños, misiones, diaconía, adoración, música y estudio se hagan con excelencia y con atención especial al invitar a otras personas y ayudarles a sentirse en casa. Esta palabra radical intensifica las expectativas y magnifica la importancia central de este elemento de invitación en nuestra vida conjunta con Cristo. La hospitalidad radical va a extremos, y nosotros la practicamos alegremente, no superficialmente, porque sabemos que nuestra invitación es esa invitación de Cristo.

La iglesia marcada con esta cualidad se esfuerza arduamente para anticipar de la mejor manera las necesidades de otras personas y hacerles sentirse en casa en cada ministerio. Toda la iglesia ofrece alguna forma de hospitalidad, sin embargo la hospitalidad radical describe a las iglesias que luchan sin cesar para exceder las expectativas y acomodar e incluir a otras personas.

Una congregación marcada con tal hospitalidad adopta una postura de invitación que transforma todo lo que hace. La congregación obra con la más alta conciencia pensando en la persona que no está presente, los vecinos, amistades y compañeros de trabajo que carecen de iglesia. En cada ministerio, la congregación tiene en cuenta cómo alcanzar a los que aún no están presentes.

La aspiración a la hospitalidad radical cambia a la iglesia por completo. Ilustraré este cambio con dos ejemplos: La Escuela Bíblica de Vacaciones (EBV) y la Junta de Síndicos.

La mayoría de las iglesias, grandes o pequeñas, ofrecen algún programa de EBV para los niños y niñas durante el verano. En algunas iglesias si preguntamos, ¿cuál es el propósito de la EBV? nos podrían decir que es "para que nuestros hijos e hijas se entretengan y lo pasen bien mientras están de vacaciones". ¿Qué clase de propósito es este? Si el propósito de la EBV es simplemente para que los niños y niñas se diviertan, ¿por qué no los llevamos al centro comercial y dejamos que pasen todo el tiempo que quieran con sus amistades? Un propósito de esta índole no puede sustentar un ministerio para niños y niñas con integridad.

Otras iglesias podrían responder, "El propósito de la Escuela Bíblica de Vacaciones es que nuestros hijos y nietos puedan oír la Palabra de Dios y aprender las historias de la fe por medio de canciones, manualidades, dramatizaciones u otras formas divertidas de enseñanza". La EBV sirve ahora un propósito mayor. El declarar el propósito de esta manera servirá de guía a la hora de seleccionar voluntarios, escoger el material, la forma de hacer propaganda, la selección de fechas y lugares. Si alguien trae a una amistad, o si se presentan niños y niñas de una nueva familia en el vecindario, los líderes verán esto con dicha, pues es una buena oportunidad para darles una calurosa bienvenida. Esta actitud es la hospitalidad cristiana básica.

Imaginemos ahora una iglesia que toma un paso más, y afirma, "El propósito de la EBV es que nuestros hijos e hijas y nietos y nietas, y los hijos e hijas y nietos y nietas del vecino puedan oír de Dios y aprendan las historias de fe para que más familias se involucren activamente en la vida de la iglesia". La hospitalidad radical presenta una diferencia obvia. El dirigir la EBV no solamente a los hijos e hijas de la membresía, sino también a quienes están fuera de la iglesia, lleva a los organizadores del programa a plantearse otras formas de comunicación de los eventos —en el periódico, con carteles publicitarios, anuncios en la radio, panfletos, etc. Funcionar bajo este propósito podría cambiar fechas, lugar y horas. Por ejemplo, si una iglesia quisiera utilizar los talentos de las madres y los padres que trabajan, podría cambiar el horario de las reuniones. Esta nueva dirección llevará a los que planifican el evento a reclutar al liderazgo de diferente manera, especialmente cuando escojan a maestros y maestras y a músicos que tienen el don de hacer que cada persona nueva se sienta en casa, y quizás incluso a invitar a algunas de estas nuevas visitas y nuevos miembros a enseñar y ayudar. Alentados por este propósito, los líderes pueden colaborar con otras iglesias, invitar a músicos que se relacionan mejor con los grupos jóvenes, mantener algunas de las sesiones en escuelas, parques o en un vecindario alejado de la iglesia. Esta postura acogedora inspira a quienes planifican a recopilar información de cada niño y niña que atiende al programa para que así los pastores puedan hacer el seguimiento con sus familias con notas de apreciación, invitaciones a otros ministerios o una llamada telefónica invitándolos al tiempo de adoración. Los que planifican podrán evaluar su éxito no solamente por la cantidad de niños y niñas de la iglesia que han participado, sino también por cuántas nuevas familias han alcanzado la iglesia y cuántas más eventualmente se involucrarán con mayor entusiasmo.

La aplicación de la hospitalidad radical cambia la forma en que las iglesias planifican los ministerios dirigidos a los niños y niñas. Los voluntarios y los recursos se alinean de acuerdo con el objetivo de invitar y acoger a las personas en el nombre de Cristo. Con la persuasión del Espíritu, no hay límite que una congregación no pueda alcanzar. Algunas iglesias ofrecen escuela dominical en las calles, y envían a los maestros y maestras a los vecindarios con muchos niños y niñas en áreas que generalmente están al alcance de la iglesia; estos programas generalmente duran una hora e incluyen historias, cánticos, manualidades y enseñanza y se establecen cerca de donde viven y juegan niños y niñas. Ésta es la hospitalidad radical, el Espíritu de Dios mueve a la familia de la iglesia a tomar iniciativas que nunca hubiera considerado por sí misma.

La hospitalidad radical implica que la iglesia no sea simplemente otro club social, sino el cuerpo de Cristo que constantemente prosigue el cumplimiento de la misión de Cristo. No existe la actitud de autosatisfacción, "Ahora que mis necesidades están cubiertas, me siento feliz". Las personas se ofrecen a sí mismas a Cristo cuando ofrecen a Cristo a otras personas.

Imaginemos que la hospitalidad radical da forma a todos los ministerios – Escuelas Dominicales, coros, proyectos de misión, trabajo con la juventud, vida de adoración y el cuidado pastoral– de la misma manera que cambia el propósito y la práctica de la EBV. Si cada ministerio sólo cambia un elemento de su programa para reflejar la hospitalidad radical de Cristo, no habrá límite en lo que Dios puede hacer.

Consideremos otro ejemplo. La mayoría de las Juntas de Síndicos se componen de miembros con antigüedad que normalmente tienen experiencia en el mundo de los negocios, legislación, finanzas o gestión de propiedades. Se cercioran que la propiedad de la iglesia esté asegurada, que el aire acondicionado funcione correctamente, que el tejado no gotee. En muchas iglesias, su función es simplemente actuar en situaciones de crisis y quejas que surgen en cuanto al edificio, y básicamente se ocupan de los asuntos de la propiedad, no de las personas. Practican lo que es hospitalidad básica –se aseguran que las personas están seguras y moderadamente cómodas cuando atienden a la iglesia y a sus diferentes ministerios.

Imaginemos, ahora, una Junta de Síndicos que practica la Hospitalidad radical, que percibe su tarea como un ministerio que asegura que el edificio de la iglesia comunica la hospitalidad en su forma máxima, un sentido de acogida que no puede negarse, y con una accesibilidad completa. Los miembros de la Junta podrían decir, "Nuestro propósito es asegurar que las instalaciones sirven el más alto propósito del ministerio en el nombre de Cristo, y nos dedicamos a los más altos criterios de excelencia al presentar y hacer las instalaciones útiles, atractivas, acogedoras y abiertas en tanto nos sea posible".

Esta junta se encarga de los asuntos de los seguros y el mantenimiento de las instalaciones, pero no paran aquí. Constantemente buscan nuevas formas de hacer la iglesia atractiva, acogedora, accesible, segura y limpia. No se conforman con nada que no sea lo mejor y toman acción inmediata cuando ven los baños sucios, la pintura de la pared pelarse, alfombras sucias, iluminación inadecuada, agujeros en el pavimento, sistemas de sonido que no funcionan adecuadamente, o zonas de recreo mal cuidadas. Los miembros de la iglesia no permiten que sus propias casas caigan en descuido y nunca dejarían que sus nietos jugaran en un parque que está mal atendido y con equipo de juego en malas condiciones. ¿Por qué permiten que la casa de Dios esté descuidada? Las instalaciones y su cuidado reflejan lo que los miembros de esa iglesia piensan de sí mismos, qué importancia dan a su misión, y cómo ven el futuro de su iglesia. Nuestro edificio comunica al mundo lo que pensamos de los niños y niñas, personas ancianas, personas discapacitadas y cómo tratamos a las visitas. ¿Qué mensaje estamos mandando? La hospitalidad radical no es solamente el comité de programación de la iglesia. Los síndicos tienen un ministerio que cumplir también.

Las instalaciones funcionan negativamente contra el testimonio de acogida cuando las nuevas visitas tienen dificultades al descifrar los carteles que no están puestos al día, pasillos y escaleras enrevesadas a las que los miembros de la iglesia ya están acostumbrados pero que presentan confusión a las visitas. ¿Dónde están los síndicos? La hospitalidad radical les impulsa más allá de las discusiones sobre los seguros de propiedad y las goteras del tejado.

Es muy fácil crear una cultura de hospitalidad en un edificio que comunique por sí sola la bienvenida y hable de optimismo en cuanto al futuro.

Muchos jóvenes adultos trabajan en edificios nuevos con iluminación moderna, colores contemporáneos y sistemas de seguridad contra incendio que les hace sentirse seguros. Comen en restaurantes, pasan las noches en hoteles y van a los cines que juzgan de buena calidad. Están acostumbrados a calidad y limpieza en los baños públicos, y vienen con las mismas expectativas en cuanto a seguridad en la guardería y clases de sus hijos e hijas. Muchos sienten que están viajando al pasado cuando visitan una iglesia y ven el color verde institucional de los años 50, las puertas oxidadas y los estrechos retretes en los baños, los pasillos mal iluminados, la ausencia de detectores de humo y accesibilidad para los discapacitados. Podemos mejorar esto.

Visité una iglesia que había cambiado el horario de los cultos de adoración hacía dos años, y trasladado la oficina del pastor a la sala donde se reunían los adolescentes para la escuela dominical. Después de dos años, el cartel de la entrada seguía teniendo el horario antiguo de los cultos y el cartel de la oficina del pastor seguía indicando que era el salón de adolescentes. Este incidente puede parece cómico. Los miembros de esa iglesia lo consideraban gracioso, como si se tratara de una broma familiar que muchos volvían a contar en forma de chiste. Sin embargo, deberían haber colgado otro cartel que dijera, "Sólo para los miembros", en frente de la iglesia, y otro en el pasillo que dijera, "Está por su propia cuenta. ¡Buena suerte!" En ninguna parte en las instalaciones había un cartel que dijera, "Bienvenido. Deseamos que se sienta en casa". Podemos mejorar en esto.

Todas las iglesias declaran que acogen calurosamente a las personas que están en sillas de ruedas o utilizan bastones para caminar. Pero nuestros edificios dicen lo contrario: "¡Desde luego, acogemos a todas las personas con discapacidades en nuestra iglesia...siempre y cuando puedan subir escaleras y sentarse en los bancos de la iglesia como cualquier otra persona!" Podemos mejorar en esto.

4.

La hospitalidad radical expande nuestros horizontes, y nos desafía y produce en nosotros nuestra máxima creatividad y trabajo arduo para ofrecer esa acogida de Cristo.

Las iglesias que practican la hospitalidad radical no tienen simplemente ujieres y personas que reciben a las visitas, sino que los entrenan, los instruyen, los preparan y hacen de su servicio un ministerio vital. Ujieres y personas en la recepción no solamente dan direcciones, además acompañan; no solamente reparten los boletines, además hacen que las personas se sientan queridas. Prestan atención a los nombres y presentan las visitas a sus pastores y a otros miembros. Constantemente buscan entender la perspectiva de las visitas y aprenden a ver las prácticas y las instalaciones de la iglesia desde la perspectiva de la persona que visita pues de esta forma pueden anticipar sus necesidades.

Las iglesias que practican la hospitalidad radical no solamente tienen un comité de hospitalidad, hacen del acogimiento y bienvenida cristiana una parte vital de la cultura de la iglesia, y lo que se espera de cada miembro y de cada clase de la escuela dominical, estudio bíblico, coro y equipo de misión. Cada ministerio invierte tiempo real para planificar, orar, invitar y recibir a las personas nuevas, y para enseñar a los miembros actuales cómo ser incluso más acogedores.

Las iglesias que se caracterizan por la hospitalidad radical no simplemente se comunican con sus propios miembros para informar sobre los programas y ministerios, sino que además intencional, estratégica y frecuentemente se comunican con el público general por medio del correo postal, panfletos, carteles, estandartes, periódicos, red electrónica y señalizaciones. Todas sus comunicaciones "dan la bienvenida a las visitas", y no presentan jerga eclesiástica ni acrónimos. Extienden su hospitalidad a través de los anuncios, señalizaciones y los otros medios de comunicación al revelar públicamente lo que la iglesia representa, que está abierta a todas las personas y que todas están invitadas y son bienvenidas.

Las iglesias que practican la hospitalidad radical no se relajan después de la Navidad o de la Semana Santa. Hacen un seguimiento cuidadoso con cartas o llamadas telefónicas a las visitas que atendieron a los programas de Navidad y de Semana Santa que se anunciaron extensamente, y además planifican programas con temas relevantes un par de semanas después de los programas mayores de la iglesia, y tienen de esta forma un ministerio relevante y atractivo con el cual invitar a las visitas que atendieron a los programas de Navidad y Semana Santa. Nunca dejan de pasar la oportunidad de asombrar a las personas y de incluirlas en la vida de la iglesia.

Las iglesias que practican la hospitalidad radical aprenden constantemente de otras iglesias a cómo mejorar en el aspecto de la hospitalidad, seguimiento de personas nuevas y asimilación de las visitas. Los pastores y los laicos leen material en cuanto a cómo ser más acogedores y lo discuten, y crean planes de acción. Evalúan su trabajo honestamente y solicitan la interacción de las personas nuevas en cuanto a qué es lo que les ayudaría a ofrecer esa acogida genuina de Cristo.

Las iglesias que practican la hospitalidad radical no reducen el contenido de las listas, no remueven nombres, no ignoran miembros inactivos, no ahorran en sellos postales ni toman el sendero fácil. Se centran en cómo comunicar mejor a grandes cantidades de personas, y están constantemente desarrollando listas de visitantes, miembros activos e inactivos, asistencia en Navidad y Semana Santa, constituyentes, padres, familias, y visitas poco frecuentes para invitarles a cultos especiales, nuevos ministerios o proyectos de servicio. Estas iglesias no abandonan a nadie.

"Bendiciones múltiples"

Una congregación grande y en crecimiento celebró el nacimiento de trillizos de una pareja de la iglesia. LeeAnn, la secretaria de la iglesia, estaba convencida que la nueva tarea abrumadora de estos padres merecía el apoyo de un grupo de oración de la iglesia. ¿Cómo puede la iglesia ministrar a familias con múltiples partos? Se puso en contacto con unos padres de gemelos que ella conocía de la congregación y les pidió su opinión. Pronto, los líderes de la iglesia supieron de otras dos familias con gemelos que estaban de alguna manera conectados con el servicio de guardería que la iglesia ofrece durante la semana. Semanas más tarde, la iglesia inició un nuevo ministerio –un grupo de apoyo para padres con partos múltiples que llamaron "Gemelos y Más". Los miembros de la iglesia proporcionaron un programa de guardería de alta calidad, invitaron a un consejero familiar para abrir la primera sesión, anunciaron el ministerio en los periódicos locales y dejaron que los padres establecieran un programa para dialogar y otras actividades. Pronto varias familias –miembros de la iglesia, visitas y otras– empezaron a asistir y también a involucrarse en la iglesia. La hospitalidad radical incluye percibir las necesidades y tomar la iniciativa para ofrecer ayuda.

Las iglesias que practican la hospitalidad radical no esperan que simplemente las clases, coros y ministerios actuales sean los que inviten y acojan a las personas nuevas; propulsan, además, ministerios nuevos y clases que están dirigidos especialmente a esas personas nuevas. No tienen miedo a cometer errores, y saben con certeza que incluso donde un grupo reducido de personas se reúne en el nombre de Cristo, allí reside la promesa de una gran cosecha.

Las iglesias que practican la hospitalidad radical no miran simplemente los números, acorralando a las personas a través de procesos mecánicos para que se unan al grupo. En vez, se acercan genuinamente a las personas, les escuchan y les ayudan a sentirse aceptadas, respetadas, conectadas, necesitadas, involucradas y amadas. Se centran en la meta última de participar en el proceso en que las personas nuevas llegan a ser parte del cuerpo de Cristo.

Edwards Deming, el genio de los sistemas de organización, observó que "un sistema produce lo que está diseñado a producir". Con esta afirmación intencionalmente redundante, nos recuerda que un sistema está diseñado para producir los resultados que produce, y que no resulta en otro a menos que algo cambie.

¿Cómo percibe a su congregación? ¿Está aumentando o disminuyendo la asistencia a los cultos? ¿Se está haciendo la membresía de su iglesia mayor con el paso del tiempo o más joven con la adición de nuevos miembros? ¿Está decreciendo o aumentando el número de clases, cultos, misiones y servicios? Si su congregación es como la mayoría en este continente, seguramente decrece en membresía, aumenta en gastos y se hace mayor con el paso de los años. Por Deming los líderes de la iglesia se dan cuenta de que si asignan un equipo de acción y le piden trabajar hasta tarde para desarrollar un plan para la congregación, sólo esta acción provocará una reducción en el 5% en asistencia por año, el promedio de edad aumentará cada año, y producirán planes que resemblan exactamente lo que la iglesia ya está haciendo. Los sistemas congregacionales están alineados perfectamente para producir los resultados que producen, y esto conlleva a un declive ininterrumpido para muchas iglesias.

Debe de producirse un cambio. La causa de nuestro declive no es que las personas se enfaden y por esto se marchen. La membresía simplemente se hace mayor y fallece, y nadie toma su lugar para reemplazarlos. La iglesia tiene un problema con la "puerta de entrada" y no con la "puerta de salida". Las personas no están entrando en la vida de la iglesia en un promedio equilibrado o que sobrepasa a esas que envejecen y fallecen. En muchos casos, no hemos pasado el relevo de la fe a nuestros propios hijos, hijas, nietos y nietas.

Para llegar a ser una congregación vibrante, con frutos y en crecimiento se requiere un cambio de actitud, de prácticas y de valores. Las buenas intenciones no bastan. Demasiadas iglesias quieren tener gente joven en tanto se comporten como sus personas mayores, quieren más personas nuevas en tanto que actúen como los miembros de siempre, quieren más niños y niñas en tanto que se mantengan en silencio y sin hacer ruido, quieren más diversidad étnica en tanto y cuando estas personas actúen como la mayoría dominante en la congregación.

Podemos mejorar en esto. Pero conlleva practicar la hospitalidad radical, y toda la redirección de energía, recursos y voluntarios que implica. Los líderes de la iglesia no pueden seguir haciendo las mismas cosas de la forma en que siempre las han hecho.

Los cambios pequeños traen grandes resultados, y los cambios pueden darse de prisa. He conocido personas que se han hecho miembros de una congregación gracias a una carta personal escrita a mano por un miembro que no conocían y que recibieron después de su visita inicial a la iglesia. Personas que se unieron a la iglesia porque la primera vez que visitaron y su bebe alborotaba, alguien le dijo "No te preocupes. A mí tampoco me gusta este sermón. Pero vuelve la semana que viene, los sermones mejoran". Después esta mujer se ofreció para llevar al bebé al pasillo y jugar con él para dejar que la madre escuchara el sermón. Hay personas que se han hecho miembros fieles y están sirviendo las congregaciones porque se acordaron de cuando dejaban a sus hijos e hijas en la guardería de la iglesia durante la semana pero no iban a la iglesia, que el pastor, sin tener esto en cuenta, les visitó en el hospital cuando uno de sus padres estaba falleciendo. Poner atención a los detalles pequeños cambia la cultura de la iglesia.

He visto iglesias que pintaron sus guarderías, entrenaron a los encargados de la guardería, pusieron juguetes nuevos en su zona de recreo, y en pocas semanas, cuando se extendió la noticia, su membresía creció de 45 a 55 miembros. Todo esto comenzó simplemente al pintar una habitación.

Imaginen si cada comité, coro, clase, culto y miembro del personal de una congregación se pusieran de acuerdo a considerar en oración cambiar una de sus prácticas este año para acomodar a más jóvenes adultos. Los síndicos podrían incluir mesas para cambiar pañales en los baños, el coro podría incluir algún número musical que incluya a niños y niñas, una clase de adultos podría levantar fondos para añadir servicios de guardería durante el tiempo de estudio bíblico, el grupo de hombres podría preparar actividades para padres e hijos, y el pastor podría invitar a los miembros jóvenes adultos y a las visitas a una cena para que todos se conozcan. Si cada ministerio cambiara un poco para acoger a personas más jóvenes, el esfuerzo total podría cambiar la dirección de la iglesia.

He visto congregaciones grandes que han iniciado tácticas audaces para acoger a las personas nuevas, sin garantía de éxito. Desde iniciativas con apoyo fácil y seguro, como programas para cuidar a niños y niñas por la noche para que los padres jóvenes puedan disfrutar de tiempo a solas o estudios bíblicos en lugares de trabajo, a ministerios más arriesgados, como hacer cultos alternativos en centros comerciales para las "multitudes tatuadas y perforadas", estas iglesias han permitido que la hospitalidad radical que ven en Cristo les dirija de forma creativa.

El deseo de arriesgarse a algo nuevo crea una dinámica en una comunidad que fortalece la participación en todos los ministerios de la iglesia. De formas que nadie puede entender, cuando la adoración contemporánea comienza a acoger a las personas nuevas de formas que exceden cualquier expectativa, la escuela dominical tradicional para personas mayores, a menudo, crece también. La comunicación personal sigue siendo la forma de comunicación humana más importante, y cuando las personas hablan de congregaciones como lugares donde la gente se siente acogida y amada, entonces la iglesia prospera.

¿Cómo estamos practicando la hospitalidad? ¿Cómo podemos convertirla en la Hospitalidad radical que vemos en la vida, enseñanzas, muerte y resurrección de Cristo? ¿Qué estamos haciendo como iglesia, como clase de la escuela dominical, en nuestros cultos de adoración, proyectos misioneros y en los programas para jóvenes? ¿Podemos mejorar en algo?

5.

La iglesia cambia de cultura con una persona a la vez. La hospitalidad radical comienza con un simple corazón, una apertura al crecimiento, un deseo en oración de hacer el mayor bien posible a las personas que no conocemos. Comienza cuando una persona trata a otra con respeto, y ama al extraño lo suficiente como para sobrepasar toda vacilación interna y le invita a participar de la vida de Cristo en la iglesia.

Se evita la responsabilidad personal de la tarea de discipulado cristiano cuando se redirige la conversación a los programas, estrategias y nuevas iniciativas; cuando los miembros automáticamente apuntan al pastor, al personal de la iglesia o a un comité particular, y dicen, "Si ellos simplemente pudieran..." o "Lo que deberían hacer es..."; cuando los miembros culpan, encuentran el chivo expiatorio y nombran todas las faltas si las cosas no funcionan bien, pero ellos mismo niegan, ignoran y evitan examinar su propia complicidad en el estancamiento de sus iglesias. En las clases de la escuela dominical o en el culto de adoración, la responsabilidad de acoger a las personas nuevas es difusa, y cada persona presupone que otra hará la tarea. Por esta razón muchas personas nuevas se sienten solas y rechazadas, incluso entre una multitud de personas amigables. Esto no cambiará hasta que cada persona acepte la responsabilidad de practicar la hospitalidad radical como obediencia al ministerio de Cristo. Los miembros de la iglesia han de madurar y pasar de un "ellos deberían" a un "yo lo haré".

Invitar a una persona no es complicado. En el primer capítulo del evangelio de Juan, la invitación de Jesús fue muy simple: "Venid y ved" (Juan 1:39). Sus discípulos desde entonces utilizaron un lenguaje semejante para invitar a otros. Las personas no necesitan conocer las respuestas a todas las preguntas de la fe y la vida para poder invitar a alguien a la iglesia. No necesitan exagerar ni persuadir ni decir nada más que la verdad. Simplemente y naturalmente encontrarán su propia manera de decir a sus conocidos y a esos con los que comparten actividades, "venid y ved".

He observado que los laicos que lo hacen mejor no usan en las invitaciones las palabras "deberían o tienen que". No hacen que las personas se sientan culpables ni las acosan constantemente. Oran siempre por la sabiduría para discernir el tiempo adecuado, y cuando sienten que es natural, hablan de un proyecto de servicio en el que trabajan en la iglesia o un grupo de música que hace algo especial ese fin de semana, y dicen, "Nos encantaría que vinieras con nosotros si no tienes otra cosa planeada". Los lunes por la mañana cuando los compañeros de trabajo hablan de lo que han hecho el fin de semana, no tienen miedo de decir, "Disfruté la música del grupo de jóvenes anoche en la iglesia... deberían haberles oído", o "Me encantó ayudar en el proyecto de *Habitat for Humanity* con mi iglesia, pero la espalda me está matando hoy. Sin embargo, siento que he hecho algo importante al trabajar en un proyecto como este". Estas personas con sus propias voces y en su propio estilo dicen, "venid y ved".

Cuando alguien comienza nuevo en el trabajo o se muda a nuestro vecindario, además de las expresiones normales de cortesía y apoyo, los laicos dicen, "Y si buscas una iglesia, no me importaría hablarte de la mía. Estamos muy contentos con ella y toda la familia la disfruta, nos encantaría que vinieras con nosotros alguna vez". Otras veces cuando saben que alguien está pasando por momentos difíciles, bien con su matrimonio o ha perdido a un ser querido, no tienen miedo a decir, "En el pasado me ha ayudado hablar con mi pastor. Sé que a ella le encantará hablar contigo también. Si quieres te doy su nombre o puedo llamarla yo si quieres, me encantaría poder ayudarte y sé que a ella también".

¿Les parecen estas invitaciones naturales? ¿Se sentirán cómodas al actuar de esta manera? A las personas no les importa decirles a otras dónde se cortan el pelo, dónde reparan sus coches, dónde les gusta comer. Sin embargo, a la hora de hablar de la relación más importante que los discípulos cristianos tienen –la que tenemos con Dios a través de la iglesia de Cristo– vacilan al hablar. No quieren entrometerse o poner presión o dar la impresión de fanatismo religioso. Sin embargo, piensen en todo lo que la iglesia significa, en todo lo que la relación con Dios significa, la nueva perspectiva de la fe, el nuevo entendimiento de la vida, las relaciones ganadas, el nuevo propósito adquirido y la conexión y contribución experimentadas. ¿Cómo no querremos todos estos beneficios para las personas que respetamos y amamos, y para los vecinos y vecinas, los compañeros y compañeras de trabajo que son parte de nuestras vidas? Oramos a Dios por las personas que están en nuestras vidas. ¿Por qué no las invitamos a tener la relación con Dios que nosotros tenemos?

Piense en personas con las que compartimos ciertas actividades –los padres y madres de otros jugadores del equipo de fútbol, compañeros y compañeras de trabajo, las personas con las que viajamos. ¿Saben si estas personas asisten a alguna iglesia? Oren, practiquen y comprométanse a invitarles a participar en algún ministerio o a asistir a un culto. No insistan demasiado. Háganlo con integridad. Exprésenlo con sus propias palabras. Sean fieles a ustedes mismos y a Dios. Practiquen la hospitalidad radical. Háganlo en el nombre de Cristo y por su causa.

Todo miembro del cuerpo de Cristo es fruto del ministerio y fidelidad de otra persona. ¿Quién es fruto de su ministerio?

Hospitalidad radical. Las personas buscan iglesias en que se sienten bienvenidas y amadas, necesitadas y aceptadas. La tarea no termina aquí. Cuando las congregaciones invitan a alguien a una fiesta, no pueden pasar todo su tiempo pensando en cómo ofrecer una invitación de la manera más adecuada. Tienen que pensar en qué van a servir. ¿Para qué invitan a esas personas? Y esto nos lleva a la segunda práctica de las congregaciones vibrantes, con fruto y en crecimiento: la adoración apasionada.

Preguntas para la conversación:

- ¿Cómo llegan las personas a conocer su iglesia? ¿De qué formas se anima a los miembros a invitar y a acoger a otras personas?¿Cómo se prepara a los miembros laicos en la tarea de invitar y de mostrar hospitalidad?

- ¿Hay un plan consistente para acoger a las personas que visitan en el tiempo de adoración, en los programas para los niños y niñas, estudios, grupos de apoyo y otros ministerios de la iglesia? ¿Qué contacto reciben las visitas y quién se encarga de contactarlas durante esos primeros días después de la visita? ¿De qué formas se les visita para invitarlas para que se involucren en la iglesia? ¿De qué manera pueden mejorarse estas prácticas, o coordinarse mejor y ser más eficaces?

- ¿Cuándo y dónde los laicos y pastores de nuestra iglesia reciben entrenamiento cada año para inyectar la hospitalidad?

- ¿Qué grupos de las iglesias son a los que las personas nuevas se unen con más facilidad? ¿Qué puede aprender su grupo o clase de éstos?

- ¿Qué actividad podría su grupo o clase realizar que, hecha con excelencia y consistencia, impactaría grandemente en la adquisición de una cultura de hospitalidad radical en su congregación?

- ¿Cómo llegó usted a ser parte de esta congregación a la que pertenece? Describa los cultos, actividades o personas que le abrieron las puertas a usted. ¿Qué obstáculos encontró que le dificultaron sentirse parte de la congregación?

- ¿Cómo se siente a la hora de hablar a otras personas acerca de su congregación? ¿Cómo y cuándo ha invitado usted a otra persona para que asista o participe en un ministerio de la iglesia?

Actividad de grupo:

Junto con otros miembros de su grupo caminen por el edificio de la iglesia como si lo estuvieran visitando por primera vez. Compartan lo que observan, y lo que consideren que es acogedor e invitador y de ayuda y qué es lo que encuentran confuso, no acogedor o prohibido. Imagine que van por el edificio y lo ven con los ojos de un niño, un adolescente, una madre con un bebé y una persona discapacitada.

CAPÍTULO SEGUNDO

LA PRÁCTICA DE LA ADORACIÓN APASIONADA

¡Cuán amables son tus moradas, Jehová de los ejércitos! ¡Anhela mi alma y aun ardientemente desea los atrios de Jehová! (Salmo 84:1-2)

1.

Las congregaciones vibrantes, con fruto y en crecimiento ofrecen una adoración apasionada que conecta a las personas con Dios y entre sí mismas. Las personas se reúnen conscientemente como el cuerpo de Cristo con deseo y esperanza, se encuentran con Cristo a través de los cánticos, oraciones, las Escrituras, la predicación y la Santa Cena, y responden al permitir que el espíritu de Dios forme sus vidas. Esas vidas trasformadas por el espíritu de Dios forman el núcleo de la congregación con extraordinario cariño, calidad, atención y sentido de pertenencia. Las personas buscan una adoración que es auténtica, viva, creativa y fácil de comprender, donde puedan experimentar la presencia de Dios que cambia vidas en presencia de otras.

Una vez más, puede que el adjetivo *apasionada* no se utilice comúnmente para describir la práctica de reunirse para adorar, pero quizás se debería.

La adoración describe esos momentos en los que nos reunimos deliberadamente para encontrarnos con Dios en Cristo. Cultivamos nuestra relación con

Dios y con otros como pueblo de Dios. No procuramos la adoración para forzar a Dios en nuestras vidas; buscamos incorporar nuestras vidas en la de Dios. Es un tiempo para pensar menos en cuanto a nosotros mismos y más en cuanto a la fe, menos en cuanto a nuestras agendas personales y más en cuanto a la voluntad de Dios. Nos encontramos con una visión fresca de la realidad divina en Cristo para que el espíritu de Dios pueda moldear nuestras vidas y darnos forma dentro del cuerpo de Cristo.

Comprender el significado de la adoración requiere mirar más allá de lo *que las personas hacen* para ver con los ojos de fe *lo que Dios hace*. Dios utiliza la adoración para transformar vidas, sanar almas heridas, renovar la esperanza, motivar decisiones, provocar cambio, inspirar compasión, y un unir unas personas a otras. Dios por medio de Cristo buscar activamente relacionarse con nosotras a través de la adoración.

A través de la hospitalidad radical las congregaciones ofrecen la invitación de gracia de Cristo, abren puertas a nuevas relaciones y cultivan el sentimiento de pertenencia. A través de la adoración apasionada, Dios dirige a las personas a Cristo (a muchas por primera vez), hace más profundo el entendimiento y relación con Cristo, y con el paso del tiempo transforma sus vidas para crecer a la imagen

---

"De estos es el Reino"

Una congregación examinó la cantidad de personas voluntarias que tenía y se dio cuenta que durante los veranos tenía un liderazgo de música excelente entre madres con hijos e hijas pequeños. Iniciaron un campamento de música durante una semana para niños de edad escolar primaria. De lunes a viernes, los niños se congregaban para cantar, aprender a cerca de la adoración, aprender versículos bíblicos y practicar una presentación musical. Después de la merienda, por la tarde tenían otras actividades divertidas como nadar, ver películas y una excursión al parque. El domingo siguiente a esa semana, los niños dirigieron la adoración, hicieron su presentación musical delante de la congregación, padres y las visitas que las familias trajeron. El campamento de música enseñó a los niños canciones de fe, historias de la Biblia y el amor a la adoración.

Otra congregación tiene un ministerio para formar acólitos que excede todas las expectativas. Para participar, los niños y niñas asisten a clases interesantes para aprender sobre la adoración y practicar cómo comportarse en sus tareas de prender los cirios, llevar la cruz y la Biblia. El punto crítico del año es la práctica, preparación y participación en una sección importante del culto de Navidad. Más de sesenta niños participan en el culto de Navidad como acólitos. El programa crea el deseo en estos niños de aprender a adorar, dirigir la adoración y ofrecer lo mejor de sí mismos en servicio a Dios.

de Cristo. Dios obra a través de la iglesia para hacer discípulos de Jesucristo, y la adoración juega un papel esencial en esta trasformación.

Desde los registros más antiguos de la fe, las personas se han reunido para orar, cantar, escuchar la palabra de Dios y compartir una comida sencilla. *Sinagoga* significa "reunión", y la palabra griega, *ekklesia*, significa "llamados fuera del mundo" y hace referencia al llamado de las personas fuera de su vida común para reunirse en un tiempo y espacio sagrados. La adoración da aliento de vida a la comunidad de los seguidores de Cristo, forma identidad, y proporciona el lugar de aprendizaje común para la fe y para escuchar a Dios. Las personas expresan su amor a Dios, le sirven y experimentan el amor y gracia divina dados gratuitamente. La adoración forma a las comunidades, moldea las almas, corrige el interés propio y vincula a las personas unas con otras y con Dios. Dios extiende su mano hacia nosotros a través de cultos da adoración que se presentan de formas antiguas y tradicionales o en cultos que están marcados por una espontaneidad extraordinaria. Dios nos habla en santuarios preciosos y también en edificios sencillos, en reuniones en almacenes y en las capillas de hospital, en el campo y en las casas de los miembros de la iglesia. En cualquier escenario imaginable, a través de la adoración, las personas buscan conectarse con Dios, permitir que la palabra de Dios les moldee y ofrecer su respuesta de fe. El Espíritu de Dios nos cambia a través de la adoración.

La adoración fue la razón que repetidamente se dio para la liberación del pueblo hebreo de su esclavitud en Egipto. "Deja ir a mi pueblo para que me sirva" (Éxodo 8:1). La adoración define al pueblo de Dios.

En la adoración, las personas practican el más grande mandamiento que Jesús nos enseñó: "Amarás al Señor tu Dios con todo tu corazón, con toda tu alma, con todas tus fuerzas y con toda tu mente; y a tu prójimo como a ti mismo" (Lucas 10:27). La adoración dirige los corazones hacia Dios a la vez que extiende sus manos hacia otras personas.

A través de la adoración, Dios perdona pecados, restaura relaciones, y cambia vidas. Jesús nos cuenta la historia del recaudador de impuestos que genuinamente y con humildad clamaba a Dios en el Templo, y dice, "este descendió a su casa justificado" (Lucas 18:14). La adoración es el ambiente más probable para experimentar una renovada relación con Dios, lo que los cristianos llaman "justificación", en la cual una persona se da cuenta de que ha sido perdonada, amada y aceptada por Dios. Al enseñar el significado de la justificación por gracia por fe, Juan Wesley repetidamente recordaba a los primeros metodistas que "el nuevo nacimiento" es la obra dadivosa de Dios en Cristo y que se recibe y acepta cuando las personas abren sus corazones a

Dios. La adoración es el ambiente óptimo de la iglesia para la conversión (el regreso a una relación con Dios) sea rápida, dramática y memorable o marcada por pequeños cambios que ocurren gradualmente. Dios espera que las vidas de los asistentes cambien durante la adoración, que los asistentes lleguen a ser discípulos de Cristo, y que una multitud se convierta en el cuerpo de Cristo.

El salmista describe su pasión por la relación con Dios en la adoración, "¡Anhela mi alma y aun ardientemente desea los atrios de Jehová! ¡Mi corazón y carne cantan al Dios vivo!" (Salmo 84:2, 10). A través de la relación con Dios, que se cultiva durante la adoración, el salmista va más allá "de poder en poder" (Salmo 84:7) y recibe el ánimo y la renovación diaria que caracteriza la vida en Dios. Las personas practican y experimentan la resurrección en la adoración: cada domingo es una pequeña Semana Santa.

Estas definiciones describen la adoración en comunidad, un tiempo delante de Dios junto con otras personas. La adoración en comunidad, ya sea tradicional o contemporánea, sigue un consenso explícito en cuanto a estructura, palabras y acciones, de ritmo y movimiento. La adoración también incluye las devociones personales, oraciones en privado, meditación y lectura que las personas practican a parte de la presencia física de otras en el cuerpo de Cristo. Ambas, la adoración comunitaria y las devociones personales, dependen la una de la otra; se complementan y refuerzan una a otra, añaden riqueza a la experiencia de la otra.

Un pastor describió su motivación para guiar la adoración comunitaria y dijo que en cada culto intenta apelar al intelecto y al corazón de los que adoran. Al apelar al intelecto, los que adoran aprenden el contenido de la fe. Aprenden acerca de Dios, Jesús, las historias de la Biblia, la práctica de la fe, el mundo que les rodea. La adoración cambia mentes. Al apelar al corazón, llega a la vida interior del que adora. La intimidad de la adoración le ayuda a entender la misericordia, crecer en esperanza, sentir al Espíritu Santo, experimentar la gracia, ofrecer y recibir perdón. Dios se conecta con la persona que adora a través de la música, historias, oración y comunión, y experimentan el sentido de pertenecer a esa familia, el apoyo y la conexión. La adoración abre corazones. Y finalmente, el pastor pretende dar a las personas un desafío práctico para hacer algo en sus familias, comunidad y en el mundo por su fe en Cristo. La adoración equipa y anima a las personas y las llama a alterar sus senderos conforme crecen a la imagen de Cristo. La adoración cambia comportamientos.

2.

Si la adoración incluye todo esto, ¿por qué utilizamos el adjetivo *apasionada* para describir las prácticas de las iglesias vibrantes, con fruto y en crecimiento?

Sin pasión, la adoración es seca, rutinaria, aburrida, totalmente predecible, mantiene la forma pero carece de espíritu. La planificación insuficiente del liderazgo, la apatía de los que adoran, la calidad pobre de la música, el edificio mal cuidado contribuyen a una experiencia en la cual las personas cumplen con un sentido de obligación en vez de sentir gozo. El conflicto interpersonal pone en peligro la vida de algunas congregaciones, con las personas que adoran y las que están en el liderazgo distraídas y agotadas por el antagonismo. A veces el culto parece una función teatral, poco auténtico, incluso autocomplaciente, cuando los pastores o líderes de música se presentan como el centro de atención. Otros cultos incluyen tantos anuncios, bromas, digresiones e historias personales que tienen poco que ver con la adoración, ese tiempo parece tan informal, pobremente planificado y malamente dirigido. Las generaciones jóvenes y nuevos cristianos encuentran algunos cultos incomprensibles porque las formas de música, lenguaje, y liturgia son tan restringidas o tan extrañas. La adoración es el primer punto de contacto que tiene una persona que no va a la iglesia con una congregación, y en algunas iglesias muchas de las visitas no se sienten acogidas genuinamente, no perciben la excelencia ni un mensaje presentado de forma que les es relevante. Cuando la congregación pierde contacto con el propósito de la adoración, las personas vienen y se van sin recibir a Dios.

Adorar habla de la devoción a Dios, las prácticas que apoyan el honor y amor de Dios. *Apasionada* describe un deseo intenso,

---

"¿Puedes oírme ahora?"

Una iglesia rural pequeña con un presupuesto limitado tenía problemas con su micrófono. La voz del pastor se desvanecía o se hacía más audible, y producía además ruidos que distraían durante los sermones, oraciones y anuncios. Los síndicos decían que no había dinero para arreglar el problema. Uno de los miembros, frustrado por el hecho de que el tiempo más importante en que la congregación se reunía estaba siendo saboteado y minado por esta situación, sintió que Dios le llamaba a tomar la responsabilidad personal de hacer algo. Se sentía apasionado en cuanto a la adoración, sentía que realmente era importante corregir esta situación y se ofreció a pagar los gastos de reparación. Incluso con un micrófono defectuoso, esta persona escuchó el llamado de Dios a hacer algo para que las otras personas pudieran escuchar mejor y así mejorar la experiencia de la adoración de todos.

un espíritu ferviente, sentimientos fuertes, y conlleva el sentido de la más alta importancia. *Apasionada* nos habla de una conexión emocional que va más allá del consentimiento intelectual. Connota entusiasmo, anticipación, expectativa, compromiso profundo y fe.

La adoración apasionada conlleva un entusiasmo extraordinario para ofrecer lo mejor en la adoración, al honrar a Dios con excelencia y claridad poco usuales en el propósito de poner en contacto a las personas con Dios. Ya sea que asistan mil quinientas personas o quince, la adoración apasionada debe ser viva, auténtica, refrescante y atractiva. En la adoración apasionada, las personas son honestas ante Dios y una con otra, y abiertas a la presencia, verdad y voluntad de Dios para sus vidas. Las personas desean con tanto entusiasmo tal adoración que por ella reorganizan sus vidas para asistir. En la búsqueda de integridad, sanidad, significado, conexión, restauración, perspectiva o esperanza, las personas descubren que cuando encuentran a Cristo, sus vidas cambian y los espacios vacíos de su espíritu se llenan. Asisten para aprender de Jesús, la fe y la vida, y encuentran a Cristo. Un afectuoso y apremiante sentido de pertenecer al cuerpo les atrae y les hace sentirse parte del cuerpo de Cristo. Genuinamente ansían el tiempo del culto, e invitan a otras personas a estar presentes con ellas. Para las iglesias que practican la adoración apasionada, cada esfuerzo en la preparación proporciona la evidencia de que es la hora más importante de la semana.

En comunidades espiritualmente apasionadas, hay un aire palpable de expectativa al congregarse la gente para la adoración. Los músicos, ujieres, recepcionistas y otros anfitriones llegan temprano, y con entusiasmo y cuidado se preparan juntos, animándose unos a otros. Estas personas se deleitan genuinamente en la presencia de las otras, y dedican su atención hasta en los más mínimos detalles para hacer del culto una experiencia agradable para quienes vienen a adorar. La congregación que se reúne, aun cuando incluye muchas visitas de primera vez, nunca da la impresión de ser una multitud de extraños. Hay una anticipación unificadora, un sabor a la gracia y de acogida en la manera que las personas hablan, actúan y se preparan. Claramente, la pastora, los directores de música, y las personas que vienen a adorar esperan que algo importante se produzca, y están ansiosos a tomar parte en ello. Esperan que Dios les hable mientras experimentan la presencia de Dios, su perdón, esperanza y dirección. Al cantar juntos, unir sus voces en oración, escuchar la Palabra, confesar los pecados, celebrar los sacramentos, las vidas de estas personas se entrelazan entre sí y se conectan a Dios. La expectación impregna a la congregación y a la pasión activa de servir a Dios y amarse uno a otro. Y esto se puede sentir.

Muchas veces inconscientemente entramos en la adoración con una postura de evaluación, como alguien que prepara una crítica cinematográfica. Evaluamos el sermón, el tiempo de los niños y niñas, las oraciones, y la música conforme a una escala interna. "¿Cómo fue el culto? Nos pareció que el sermón fue demasiado largo, el piano sonaba muy fuerte, los niños alborotaban mucho, hacía frío en la sala". Nuestra atención se torna a lo imperfecto, a los errores de pronunciación, sonidos discordantes, incomodidades personales y la debilidad de los líderes y faltas de los que adoran con nosotros.

Con la mentalidad de expectativa, en vez de buscar los defectos humanos, las personas que adoran descubren que Dios quiere una relación con ellas y quiere comunicar algo por medio de ese tiempo juntos. Las personas no están en el culto para observar y evaluar, sino para recibir lo que Dios ofrece y ofrecer lo mejor en respuesta. "¿Qué me dice Dios a mí a través de esas palabras de las Escrituras, aun cuando se lean imperfectamente, y a través del sermón, incluso cuando las ilustraciones no son las más apropiadas, y a través del poder unificador de la música, aún cuando el ritmo del pianista disminuye? ¿Qué es lo que Dios dice que tiene que escucharse por medio de la oración, el credo y el sacramento de la Santa Cena? ¿Permito que el Espíritu de Dios me forme, me cambie, me transforme a través de esta experiencias, o estoy evaluando la calidad del espectáculo?"

La adoración apasionada conecta a las personas con Dios y a las unas con las otras, abre las vidas a la experiencia de la gracia de Dios y a escuchar y poner por obra la Palabra de Dios, y forma a las personas dentro del cuerpo de Cristo. La adoración apasionada no es una interpretación de teatro, no son movimientos mecánicos, o una simple reunión porque son las 11 de la mañana y domingo. Una comunidad espiritualmente apasionada está viva con el amor de Dios, y muestran entusiasmo por la palabra de Dios.

La adoración apasionada no se limita a un estilo particular; puede ser formal, con togas, acólitos, vitrales, música de órgano, acompañamiento de orquesta, bancos de madera con himnarios al frente. O la adoración apasionada puede darse en un auditorio, gimnasio, o almacén, con vestimentas casuales, imágenes en pantallas, sillas que se doblan, y el ritmo alentador del grupo de alabanza. La adoración auténtica, atractiva que cambia vidas deriva de la experiencia de la presencia de Dios, del deseo de las personas que adoran por la palabra de Dios, del cambio de corazón que las personas esperan deliberadamente cuando encuentran a Cristo en la presencia de otros cristianos. La adoración desafía a las personas, las sustenta y dirige por el Espíritu de Dios, y cambia la manera en la que se perciben a sí mismas y a su prójimo. Una hora de adoración apasionada cambia todas las otras horas de la semana.

La práctica regular de la adoración apasionada da a las personas lentes interpretativas con la que ven el mundo, y les ayudan a observar los eventos, relaciones y problemas a través de los ojos de Dios. Entre los contextos interpretativos que compiten en los que las personas están inmersas (individualismo, consumismo adquisitivo, nacionalismo intenso, partidismo político, negativismo desesperado, optimismo ingenuo), la adoración ayuda a las personas a percibirse a sí mismas, su mundo, sus relaciones, sus responsabilidades de maneras que incluyen la revelación de Dios en Cristo. El lenguaje del espíritu (amor, gracia, gozo, perdón, compasión, justicia, comunidad) proporciona a las personas los medios para expresar la experiencia interior y sus aspiraciones relacionales. Las historias de fe (Escritura, parábola, testimonio) profundizan la percepción y significado. Las prácticas de la adoración (cantar, orar, los sacramentos) ejercitan nuestra conexión con Dios y con otras personas. Bajo al influencia de la adoración semanal, las personas practican ver al mundo de diferente manera, y practican su llamado tan único como pueblo de Dios y su identidad tan singular como el cuerpo de Cristo. La adoración cambia a las personas, y cambia la forma en la que experimentan la totalidad de sus vidas.

Las iglesias que aspiran a la adoración apasionada trabajan con ahínco para profundizar en su vida espiritual y en la calidad de la adoración que ofrecen para ayudar a las personas a conectarse con Dios. Hacen una adoración atractiva y accesible al mismo tiempo que profundizan en la integridad teológica. La calidad baja le quita a la adoración su poder y propósito.

Los pastores de una congregación grande consideraron que la adoración se había estancado y hecho rutinaria. Las personas que adoraban no se quejaron y la asistencia seguía siendo alta. Pero para los líderes, la adoración se había desviado a una prioridad más baja pues cada uno se movía mecánicamente por sus asignaciones con poca creatividad y sentido de propósito. Los líderes, incluyendo al pastor, director de jóvenes, músicos, técnico de sonido, secretaria, director de la guardería, coordinador voluntario de ujieres, planificaron un día juntos para centrarse en el culto de adoración principal. Uno de los pastores invitó a todos a su casa y el "mini-retiro" comenzó temprano por la mañana y continuó hasta avanzada la tarde. Evaluaron cada elemento del culto y discutieron por qué hacían lo que hacían de la manera que lo hacían. Consideraron alternativas, y reflexionaron sobre el significado teológico de sus preferencias. Discutieron cómo cada elemento de la adoración conecta a las personas con Dios y con cada una, y cómo podrían mejorar. La convocatoria, el preludio y los anuncios, cómo y cuándo los pastores y coros entran y salen, dónde se paran las personas y cómo se mueven −se examinó todo.

Consideraron la duración y el contenido, el propósito y lugar de cada acción, tono de discusión, ambiente y ritmo. Se pusieron en el lugar de los miembros antiguos, de los nuevos, de los niños y las niñas y de los padres con hijos e hijas pequeñas, examinaron si se podía ver bien desde cualquier área, el contacto visual, iluminación y sonido. Hablaron de prestar más atención a su propia preparación espiritual para evitar caer en la rutina durante el culto.

Estas conversaciones resultaron en varios cambios, algunos sencillos y casi imperceptibles, otros afectaron textura y tono, y otros pocos alterando el orden del culto. Consolidaron los anuncios en un tiempo al principio, eliminando de esta forma interrupciones que rompieran el ambiente de oración y reflexión del culto. Redujeron las conversaciones innecesarias y las digresiones que distraían entre movimientos al tiempo que mantenían una calidad de la invitación y la atención. Suavizaron las transiciones para mejorar el ritmo, quitaron los espacios vacíos que daban la impresión de que alguien había olvidado lo que tenía que hacer. Extendieron la oración pastoral para incluir más expresiones conectando a la congregación con el mundo, especialmente por las personas que sufren enfermedades, hambre o la violencia de las guerras, y añadieron oración en silencio que profundiza el sentido de unidad y asombro. Llegaron al consenso en cómo utilizar las imágenes en las pantallas, y limitar los cambios en iluminación que ocasionaban distracción. Resolvieron problemas de comunicación entre los músicos y los pastores de forma que los anuncios, preludio y entradas fluyeran más armoniosamente. Hicieron algunos ajustes con las sillas detrás del predicador para eliminar movimientos visuales que distraían durante los sermones. Se pusieron de acuerdo en el lenguaje para introducir la ofrenda y reforzar la teología que sustenta el diezmo, y desarrollaron una manera consistente de recibir a las personas dentro de la membresía al final de cada culto. El ujier y director de la guardería desarrollaron un plan para lidiar con los infantes inquietos con gracia y delicadeza.

¿Qué cambió como resultado de esta evaluación? El contenido del culto cambió de hecho poco, pero la calidad y conexión con las personas cambió dramáticamente. Los pastores y líderes operaban con una creatividad renovada y con propósito. Los líderes de la adoración mejoraron su comunicación entre ellos. La experiencia fue tan positiva y fructífera que los líderes hicieron otro "mini retiro" para centrarse en el culto contemporáneo, y después otro para evaluar los cultos de Comunión.

Más que nada, la calidad de la preparación espiritual de los líderes de la adoración mejoró. Los pastores consideraron la adoración virtualmente importante. digna de sus más grandes esfuerzos, y esta pasión en los líderes moldeó la forma en la que otros miembros consideraron la adoración. Los líderes y responsables de la iglesia eran adoradores que invitaban a unirse a ellos en el peregrinaje espiritual, una aventura de fe, con la expectativa de la continua presencia de Dios. Al recordar el propósito del culto, los líderes no operaban de una manera rutinaria. La adoración se avivó una vez más en ellos y en el resto de la congregación.

Cuando la adoración ocupa un lugar prioritario, la adoración apasionada se hace evidente, y resalta en cada obra del líder de adoración. Con regularidad evalúan y reconsiderar sus moldes de adoración en vista a un acercamiento creativo y del progreso espiritual de la congregación.

Una congregación pequeña se planteó la renovación de su adoración de manera diferente. La pastora, el organista voluntario, y un puñado de miembros se reunieron para planificar lo que harían para mejoran la vida de adoración de su iglesia. Pasaron una tarde hablando sobre el propósito de la adoración. Estudiaron las Escrituras, oraron, leyeron un capítulo de un libro sobre la adoración, y llegaron a la conclusión que la adoración cristiana resulta "del amor a Dios". De manera consciente consideraron lo que cada persona podría hacer "por el amor de Dios" para hacer la adoración más especial. Con humildad, se abrieron al cambio creativo.

Un miembro se ofreció como voluntaria para colocar flores frescas cada domingo en el altar, un cambio dramático sobre las flores de plástico. Esto lo haría "por amor a Dios". Otro miembro se ofreció a llegar a la iglesia temprano cada domingo "por amor a Dios" y limpiar el polvo del mobiliario, ordenar los himnarios y hacer limpieza general para que el santuario fuera más acogedor y oliera bien. El pastor, animado por varios miembros, decidió que "por amor a Dios" prepararía sermones menos formales y que se esforzaría a hacer más contacto visual y adoptaría una postura más relajada. Procuró hacer sus sermones más prácticos y de utilidad para las personas. Decidieron que "por amor a Dios" cerrarían cada culto con todos los miembros (unos 30) tomados de la mano con una oración. Decidieron que "por el amor a Dios" llevarían la Santa Cena a las personas que no podían moverse de casa cuando la iglesia celebrara el sacramento, y que "por el amor a Dios" hablarían con los síndicos para hacer la entrada de la iglesia accesible a los discapacitados. "Por amor a Dios" el organista consintió en que los solistas cantaran con música pregrabada de vez en cuando.

Estos pequeños cambios, apropiados para una congregación pequeña, revelan cuánto se preocupan las personas por la adoración, que de veras les importa, de manera que verdaderamente creen que algo está en juego en este momento sagrado. Cuando las personas se preocupan apasionadamente por la adoración y tienen la expectativa de encontrarse juntos con Dios, cambian sus comportamientos al prepararla. Las iglesias no deben tener la expectativa de que las visitas y miembros se tomen la adoración seriamente y no actúan como que es importante para ellas. ¿Qué podemos hacer para mejorar nuestra adoración como congregación? ¿Cómo puede el amor apasionado de Dios contribuir a la adoración que está viva, es atractiva, auténtica, creativa y con profundidad teológica?

3.

La adoración apasionada es contextual, una expresión de la cultura única de una congregación. Las comunidades tienen sus propios patrones, voces y lenguaje distintivos con los que expresan su auténtico amor por Dios. Matices culturales, prácticas regionales, particularidades denominacionales, inclinaciones teológicas, preferencias pastorales, tamaño y edad congregacional y preferencia de estilos, ya sea tradicional, contemporáneo, alabanza o iglesia emergente –todos ellos dan forma diversa a la adoración.

Incluso con miles de maneras distintivas de adoración, las congregaciones que se caracterizan por la calidad de la adoración apasionada resaltan. La adoración es viva, atractiva, agradable y cambiante de vidas, y los líderes toman en serio la importancia de la preparación espiritual y práctica. Los pastores y músicos aman a Dios y aman la adoración, y las personas lo reconocen. Los líderes tienen claro el propósito de conectar a las personas con Dios, y del deseo de Dios de formar a las personas dentro del cuerpo de Cristo. Cualquiera que sea la cultura o contexto, la adoración apasionada incluye momentos de asombro que cambian y moldean a las personas, el toque de trascendencia que las saca de sí mismas, profundiza su entendimiento de la vida y de su relación con Dios, y le hace sentirse completas, fortalecidas y seguras en la razón por la que Dios las ha creado.

Muchas iglesias ofrecen adoración, música de alabanza de forma más informal al ritmo de la guitarra, percusión y teclado, o colocan las letras de las canciones en pantallas y con líderes que visten de manera informal y comparten sin púlpitos ni notas escritas. Este culto se conecta con algunas personas de todas las edades más eficazmente que los cultos formales.

Pero el creciente ritmo y volumen de la música, más estimulación visual y menos formalidad en los que se comparte y la vestimenta no garantizan el éxito de una congregación en conectar a las personas con Dios y permitir que Dios las forme dentro del cuerpo de Cristo. Tan contradictorio como suena, las iglesias que practican la adoración apasionada con un estilo contemporáneo trabajan arduamente en su espontaneidad. Cuando se busca excelencia en la música y mensaje, estos coordinan el mensaje entre músicos y predicadores, evalúan cada instante para maximizar el efecto, sumergen su preparación en oración, y reprimen la tentación de formar culto de personalidad autocomplaciente entorno a pastores o músicos con habilidades especiales. Trabajan en equipo con un claro enfoque en su propósito. Recuerdan que el culto no va dirigido a ellos, sino a Dios y servir a Dios requiere lo mejor de cada uno. Cada culto incluye elementos ordinarios que se mantienen igual cada semana, para proporcionar estabilidad, predicción, y constancia. Y cada culto incluye elementos que cambian, especialmente con la música, el mensaje y el apoyo visual. La espontaneidad se planifica con un claro propósito en mente. Las líderes de la adoración hacen que todo parezca sencillo porque lo han preparado mucho.

Una congregación que ofrecía un culto tradicional los domingos por las mañanas con una asistencia de unas 300 personas decidió iniciar un culto más contemporáneo, dirigido a atraer y involucrar a personas más jóvenes. Consultaron con otras iglesias que habían iniciado cultos similares con éxito, visitaron otros cultos contemporáneos, reclutaron un grupo de música, en su mayoría formado por personas de la congregación, y comenzaron a planificar con los músicos, líderes de adoración y los voluntarios para operar el equipo de sonido. La pastora, que se sentía más cómoda con los cultos tradicionales, buscó consejo de colegas que habían hecha transiciones similares. Decidió predicar el mismo contenido que utilizaba en su culto tradicional, pero de una manera más informal y a modo de enseñanza, utilizando pantallas para realzar ciertos puntos y pasajes de la Escritura. Un grupo de

> **"La adoración se adapta al contexto"**
>
> Cuando Meri Whitaker recibió su asignación a la Capilla de Canterbury en la Conferencia misionera india de Oklahoma, la congregación se reducía a un pequeño grupo de mujeres mayores muy comprometidas con la iglesia. Trabajaron y oraron para hallar la manera de atraer a otras personas dentro de la vida de la iglesia. Meri se integró en la comunidad, y se dio cuneta de la dramática necesidad que tenía de grupos de apoyo de los doce pasos basados en el modelo de recuperación de Alcohólicos Anónimos. La congregación decidió arriesgarse a adaptar su adoración y la complementaron con los doce pasos. El culto de adoración se convirtió en un centro poderoso de testimonio, decisión, apoyo y trasformación. La congregación hoy día tiene más de cien personas que asisten cada semana. Pocas congregaciones de la Iglesia Metodista Unida perciben con tanta agudeza el poder transformador de vidas de la adoración como la Capilla de Canterbury.

miembros se comprometió a asistir a este culto durante un tiempo, y la iglesia promocionaba este nuevo culto. Lo inauguraron en enero para aprovechar la asistencia mayor durante ese tiempo del año y anunciarlo durante los cultos y programas de Navidad.

Tres años más tarde, la asistencia en el culto tradicional es de unas 275 personas, y la asistencia al culto contemporáneo ha crecido a un número consistente de 135 personas. ¿Qué aprendió la iglesia a través de esta exitosa experiencia? Primeramente, el nuevo culto inspira a personas que utilizan dones que en un culto tradicional no podían. Muchos músicos que dieron horas de práctica semanal para el nuevo culto eran solamente miembros nominales y ahora están activo en la iglesia. Segundo, mas adultos de edad media y adultos mayores asisten a ese culto que gente joven, y los jóvenes continúan asistiendo al culto tradicional en números similares a los que asistían anteriormente. Tercero, el estilo relajado, abierto, informal requiere ardua trabajo, buena comunicación, y excelente cooperación para comunicar un mensaje coherente. Cuarto, la eficacia e integridad del culto contemporáneo deriva del talento de gran calidad, madurez espiritual y disposición cooperativa de los músicos. Finalmente, el éxito depende del apoyo activo y ánimo de los miembros más antiguos, músicos y líderes de la iglesia que nunca asisten al culto nuevo y que no han desarrollado gusto para los estilos contemporáneos.

Este último aspecto es de primordial importancia. Al considerarlo toda la asistencia al culto aumentó a más de cien personas semanalmente, y más personas se conectaron con Dios a través de la adoración más que nunca antes. La clave de este éxito es el apoyo verbal, consentimiento visible y el ánimo equívoco de los líderes de la iglesia y músicos que nunca asistieron a este nuevo culto. Iniciaron un nuevo y fructífero culto que cambia vidas y evitaron las "guerras entre cultos" que sabotean muchos esfuerzos.

Las guerras entre cultos explotan cuando los líderes de la iglesia fuerzan cambios dramáticos en el estilo de la música y liturgia dentro de un culto existente. Nadie puede obligar a los admiradores de la música country a que disfruten del rap, o a los rocanroleros a apreciar a Mozart. De la misma manera, no se puede obligar a los organistas tradicionales, miembros del coro u otros adoradores a que dejen su gusto musical y de liturgia que les ha ayudado toda su vida a conectarse con Dios. Las formas y música de la adoración tradicional pueden mejorarse, pulirse y profundizarse de mil maneras, pero no se puede forzar a las personas a cambiar sus gustos musicales.

Las iglesias evitan este tipo de conflicto cuando inician otro culto que no requiere de los miembros que sacrifiquen su estilo de adoración. O con gentileza mezclan estilos de música en los cultos existentes para permitir que un grupo más diverso de personas puedan suplir sus necesidades espirituales. Muchas congregaciones vibrantes, con fruto y en crecimiento ofrecen cultos con estilos mezclados que llegan al corazón de una gran diversidad de adoradores de forma que unifica y fortalece a la congregación.

Las guerras entre cultos también surgen cuando los líderes de la iglesia inician un culto alternativo, pero los tradicionalistas y músicos de la iglesia se niegan a bendecir esos esfuerzos. "Van a acabar con el culto que tenemos. Los micrófonos, la batería y las pantallas audiovisuales arruinan lo sagrado del culto. El pop cristiano no es adoración. Se están llevando buenos cantantes de nuestro coro". Resulta increíble la resistencia ruidosa y antagonista que buenos cristiano ponen a iniciar un culto al que ni siquiera piensan asistir. No va dirigido a ellos, y sabotean el deseo de adorar de esos con diferentes gustos. Es como ir a su restaurante favorito y demandar del cocinero que no sirva pollo jamás porque ellos prefieren ternera.

Aliviar este segundo tipo de conflicto requiere una madurez espiritual poco común entre los miembros más antiguos. Deberán mostrar el deseo de apoyar formas del ministerios que ellos personalmente no aprecian.

Una persona mayor con sus ojos con lágrimas en sus ojos por la emoción dijo, "Haría cualquier cosa por ver a mis hijos y nietos otra vez en la iglesia. Han perdido todo contacto con la fe. La iglesia lo es todo para mí, y se me rompe el corazón al ver que los miembros de mi propia familia no asisten a ninguna iglesia". Un amigo le respondió, "¿Harías cualquier cosa? ¿Cambiarías tus gustos musicales?" El anciano respondió sin titubeo, "Eso no lo puedo hacer".

Quizás las personas no puedan cambiar sus gustos musicales. Pero para alcanzar a las generaciones más jóvenes las iglesias tienen que ofrecer adoración en una variedad de formas con música diversa y quizás con más imágenes que palabras. Apoyar estilos innovadores de adoración requiere madurez espiritual, y un deseo de poner a un lado gusto y preferencias para alentar a otras personas en su búsqueda de Dios.

La flexibilidad a cambiar la forma en que presentamos la palabra de Dios se encuentra en la herencia metodista unida. Juan Wesley fue más allá de sus propios gustos y prácticas tradicionales, y en sus propias palabras "decidí ser más vil" (Diarios, Abril 2, 1739) cuando comenzó a predicar en los campos para llegar a esas personas fuera del alcance de la iglesia. Wesley mantuvo su fin en mente —aún si esto significara formas y maneras que él consideraba sin gusto. Damos gracias a Dios por su madurez espiritual y agilidad litúrgica. Nuestra rica herencia de adoración nos ha llegado a través de muchos enredes de estilos y prácticas. Reuniones en el campo, avivamientos en la frontera, liturgia de alta iglesia, espirituales afroamericanos –son unos pocos de los tipos de prácticas religiosas apasionadas que surgieron a través de nuestra historia.

Hace cien años, una congregación tenía tres generaciones de personas presentes en el culto, y todos hablaban el mismo idioma, compartían la misma cultura, crecieron con las mismas historias y disfrutaban la misma música. Hoy en día las congregaciones constan de cuatro o más generaciones, cada cual con su forma preferida de comunicación, sus propios gustos distintivos de música, su propio lenguaje y cultura. ¿Se ha fijado en algún anuncio publicitario durante la Copa del Mundo en la que una compañía ha gastado millones en su producción pero que al final del anuncio usted no tenía la menor idea de lo que estaban promocionando? Eso es porque el anuncio no estaba dirigido a usted. Estaba dirigido a otra generación. Pregunte a sus nietos y ellos les dirán qué es lo que se estaba anunciando.

Las congregaciones deben esforzarse para hablar el idioma, atraer la cultura y utilizar la voz, música y métodos que ofrecen experiencias de adoración auténtica y eficaz para a las generaciones más jóvenes. En muchas iglesias, el liderazgo electo y las personas de más influencia y recursos prefieren todavía formas de adoración más tradicionales. Si sólo apoyan la adoración que les conviene mejor y va dirigida a su clase social, la iglesia no alcanzará a las generaciones más jóvenes. Las congregaciones vibrantes, con fruto y en crecimiento tienen éxito porque líderes espiritualmente maduros y apasionados apoyan visiblemente y alientan la adoración y música de formas y expresiones diversas. Mantienen el fin en mente, ayudan a las personas a encontrar el camino de Dios a hacer el mensaje de gracia divina accesible en la adoración.

La pasión es evidente en estos ejemplos. A las personas para la cuales la adoración merece un día aparte para evaluarla, la iglesia cuyo liderazgo prosigue la excelencia "por amor a Dios", y la congregación que navega en las peligrosas corrientes de las preferencias dispares de adoración para ofrecer dos estilos de adoración con fidelidad y excelencia: en cada caso las personas aman la adoración y vierten de su tiempo y creatividad para mejorarla, fortalecerla y hacerla excelente en su práctica. Esa es la cualidad de la adoración apasionada que caracteriza a las congregaciones vibrantes, con fruto y en crecimiento.

Cuando visito una iglesia, como obispo, para predicar, consagrar el edificio, o confirmar una clase de personas jóvenes, aprendo mucho acerca de los criterios de excelencia del pastor y la congregación. Normalmente con considerable esfuerzo preparan el edificio, planifican el culto y ofrecen música especial. Veo a las iglesias en su mejor estado, pero con todo me pregunto cómo es el culto cuando no hay visitas especiales anunciadas.

Si ninguno de los líderes de la adoración sabe lo que cada uno hace, o dónde sentarse o parase, o si la mesa de la comunión está llena de himnarios, un mechero, una taza de café o una pila partituras, o la mitad de las bombillas encima del altar están quemadas, o el coro no sabe la música y el organista se da cuenta de que toca con demasiado volumen, o tenemos himnarios que las personas no conocen ni disfrutan, o los micrófonos no funcionan bien, o los ujieres hablan demasiado alto en el pasillo y se pasan por los bancos con tarjetas contando la asistencia durante la oración, o si el líder del grupo de alabanza presenta una canción con una broma de mal gusto, o si los miembros del coro hacen crucigramas durante el tiempo de comunión, o el director de música y pastor se niegan a hablarse entre ellos, o el pastor insiste en contar una historia larga, autocomplaciente y de gratificación propia antes de la ofrenda, ¿qué podemos concluir en cuanto al criterio de excelencia del pastor y de la congregación? Y, ¿cómo imaginaremos la adoración cuando el obispo no está presente?

Todas las iglesias ofrecen cultos de adoración. La adoración apasionada significa que una iglesia se preocupa lo suficiente por el culto para que ofrezca lo mejor, lo máximo y lo más elevado. Quitan durante este tiempo sagrado todas las distracciones posibles, lo que irrita y las inconveniencias, y las personas ven la atención deliberada que se ha puesto en su preparación e intención. Dejan detrás los conflictos y los asuntos interpersonales, la necesidad de atención y el deseo de control, y aman a Dios con todo su corazón, alma, fuerza y mente. Con acciones sencillas, ofrendadas con amor, las iglesias con la adoración apasionada llevan a las personas a Dios y se acercan unas a otras en el nombre de Cristo, y ofrecen a las personas la oportunidad de ser moldeadas por Dios.

4.

¿Cuál es el impacto que produce la adoración apasionada?

Los líderes de adoración y pastores que viven la adoración apasionada no solamente ponen su mayores esfuerzos en la preparación en sus distintas áreas de responsabilidad, también trabajan intencionalmente en conjunto con otras personas que guían el culto, se animan unos a otros, y se comunican entre ellos para que el culto se desarrolle con fluidez, con un sentido unificador de dirección y propósito, con cada elemento del culto edificando el otro para crear la sensación de anticipación sobre lo que viene después. Oran y planifican juntos para hacer que el culto sea cohesivo y eficaz y así, las personas que adoran perciban el espíritu de cooperación.

La adoración apasionada motiva a los pastores no sólo a mejorar sus predicaciones, sino también a aprender a conectar el contenido con la técnica para hacer la adoración más eficaz. Hablan, evalúan y aprenden el uno del otro en su búsqueda por la excelencia; leen libros y artículos con el resto de los líderes, asisten a talleres en cuanto a la predicación, música y técnica, buscan en la red informática, se suscriben a fuentes de recursos y visitan otras iglesias. Oran incesantemente en busca de discernimiento, y se abren a la Palabra de Dios y a la guía del Espíritu. La adoración es algo vivo que requiere cuidado, cultivo y esfuerzo continuos para mantenerla fresca. Los pastores continuamente revisan y evalúan su propio trabajo y aceptan los comentarios de las personas. Aman la adoración, anhelan ofrecer lo mejor para la gloria de Dios y para la edificación del cuerpo de Cristo.

Las comunidades espirituales apasionadas no sólo adoran y oran durante los cultos el domingo, también hacen de la adoración un elemento esencial en cada viaje misionero, programa de jóvenes, retiro para adultos, campaña para levantar fondos e iniciativas de ministerio. Sumergen la obra de la iglesia en oración, y no solamente invitan a las mujeres y hombres a servir en los equipos de planificación de la adoración, sino que desarrollan a las personas laicas que se sienten competentes y cómodas a guiar las oraciones del coro, las clases, los grupos de cocina, el equipos de trabajo y las visitas en los hospitales. Los miembros se ofrecen voluntarios para las devociones de Adviento, Cuaresma, el boletín, página de la red u otros programas especiales. La adoración y la oración orquestada por los laicos es natural y esperada. Esta iglesias no dejan de *animar* a las personas a que oren en sus casas; les *enseñan* a orar, y ofrecen clases, estudios y retiros y proporcionan recursos de calidad para las devociones personales, tales como *The Upper Room Disciplines*, o colecciones que la propia iglesia publica y están escritas por sus miembros. Se toman con seriedad las disciplinas wesleyanas de la oración y lectura de la Palabra, la participación frecuente en la Santa Cena, y el ayuno ocasional –prácticas a través de las cuales Dios moldea el alma y forma discípulos. Las devociones personales refuerzan la adoración común. Las comunidades espirituales oran sin cesar.

En las iglesias que practican la adoración apasionada, la música es excelente, nunca mediocre. La música habla directamente al alma, establece el tono y la disposición emocional del culto. En algunas congregaciones, la música puede ser sencilla, pero es dinámica, que inspire, y de gran calidad.

La música mueve a las personas, unifica las congregaciones, fortalece el sentido de pertenencia, provoca la reflexión, inspira gozo, y eleva el espíritu. Las comunidades que adoran apasionadamente enfatizan la excelencia, e invitan a posiciones de liderazgo a los músicos con talentos extraordinarios quienes entienden que el propósito de la música en la adoración es conectar a las personas con Dios. Coros y grupos de alabanza ofrecen su trabajo como un ministerio, se preocupan el uno del otro y oran entre ellos, y pulen su talento para la gloria de Dios. La música de calidad resuena por las congregaciones que acentúan la adoración apasionada.

Los cultos que reflejan la pasión por la adoración son equilibrados, utilizan una mezcla de elementos complejos y sencillos para comunicar el mensaje, un ritmo que fluctúa entre lo rápido y acelerado a lo reflexivo y tranquilo, y un tono que varía entre lo relajado y etéreo a lo serio y respetuoso. La variación se comunica con el corazón y la mente, y atrae a personas que prefieren la progresión verbal lineal tanto como a aquellas que aprenden con imágenes, metáforas e ilustraciones. Cuando sea posible, el liderazgo espiritual de hombres y mujeres debe ayudar a conectar a una diversidad más grande. La adoración apasionada se dirige a más de uno o dos de los cinco sentidos, va más allá del escuchar palabras. El movimiento del sacramento a la ofrenda y el tiempo de los niños

---

"Algo nuevo para la Navidad"

Una congregación había ofrecido en mismo menú en los programas de Navidad por décadas: un culto de comunión por la tarde y un culto de Noche Buena con velas y villancicos en la noche con música formal, la mayoría en latín y alemán, que culminaba a media noche. Los cultos de comunión tenían poca asistencia pero los miembros de la iglesia los valoraban mucho, y el culto de la noche tenía mejor asistencia pero rara vez incluían a los niños por la hora a la en que lo ofrecían. Los líderes de la iglesia tras años de ofrecer los mismos cultos se dieron cuenta de repente que muy pocas familias jóvenes asistían al culto de Noche Buena. La formalidad del culto de comunión hacía que los padres no quisieran traer a sus hijos, y muchos de los miembros tenían visitas en Noche Buena de otras denominaciones que no quería atender por razones denominacionales.

Tras pasar tiempo conversando y planificando, los líderes de la iglesia decidieron ofrecer para las familias un culto Noche Buena temprano de cincuenta minutos por la tarde con estilos variados de música. Después del culto, ofrecieron un culto de comunión de media hora, un culto más formal, para las personas que quisieran quedarse. Tras este culto ofrecieron el culto de Noche Buena. Continuaron con la oferta de este culto por la noche sin cambios. En el primer año. La asistencia al culto de Noche Buena aumentó a más del doble, y la asistencia desde entonces se volvió a

atrae a los adoradores. El silencio tanto como la música hace más profunda la unidad y reverencia. Los puntos visuales transportan a las personas a la mesa de la cruz o de la comunión. El pan es sabroso y su fragancia como recién horneado, las flores de altar son frescas y los cirios se iluminan con llamas reales. En los santuarios más tradicionales, los vitrales recuentan las historias de la fe y la arquitectura del edificio eleva los ojos y el corazón. En los cultos contemporáneos, las pantallas bien iluminadas muestran imágenes cuidadosamente seleccionadas para suplementar el propósito del culto y

doblar. La mayoría de las personas que atendían al culto de la tarde temprano eran familias jóvenes con hijos. Además, trajeron con ellas a otros familiares. Esto produjo una abundancia de visitas y personas que no atendían a ninguna iglesia y que experimentaron positivamente un culto de adoración. Las personas que consideraban importante el culto de comunión podían asistir a éste, y el culto de Noche Buena de la noche continuó funcionando con la misma asistencia estable. Es de agradecer que los líderes y la congregación consideraron la adoración lo suficientemente importante como para examinar, hacer cambios arriesgados y desarrollar nuevas tradiciones, y así servir mejor al contexto y al estilo cambiante de los adoradores más jóvenes.

no para distraer de este. Los líderes de adoración controlan el contenido para que suplemente el mensaje y el tono del culto. El tiempo de fraternidad alienta a las personas a saludarse para que todos sientan el contacto humano, y en algunas iglesias se cogen de las manos durante la oración. Las comunidades que adoran apasionadamente dirigen las sensibilidades estéticas a la belleza de Dios, y proporcionan a los adoradores caminos multifacéticos de la verdad de Cristo. La adoración es accesible y comprensible para las personas que las comunidades que adoran apasionadamente y buscan servir.

En las iglesias marcadas por la adoración apasionada, las personas no asisten meramente ni se sientan pasivamente en los banco; se les ocupa activamente, conecta genuinamente, se las trata personalmente y se las desafía profundamente. El mensaje las afecta, la música las conmueve, los cultos las cambian. Las personas progresan espiritualmente, quieren estar presentes y se acerca a la adoración con un sentido de expectativa, anticipando la presencia de Dios. Estas personas hablan de sus experiencias con otras, invitan a sus amistades y perciben la adoración como la hora más importante de la semana para ellas y para la iglesia.

Los pastores que dirigen la adoración apasionada activamente nutren sus vidas espirituales. La autenticidad y la integridad se derivan de su práctica personal de la fe. Adoran *con* otras personas al mismo tiempo que dirigen la adoración *para* otras personas y las oraciones públicas se originan en disciplinas espirituales genuinas. La congregaciones detectan cuando el pastor simplemente sigue el ritual preformado, prepara un acto de una manera superficial, o si su mensaje y expresión se derivan de su fe y amor creciente por Dios y por el prójimo. Los pastores que cultivan a adoración apasionada muestran adaptabilidad, y deseo de aprender nuevas maneras de servir a las personas. No dan la apariencia de estar estancados, mostrar resistencia, o ser rígidos, y no insisten en sus propias preferencias cuando estas no funcionan a la hora de servir para el progreso espiritual de la congregación.

Cuando las iglesias practican la adoración apasionada, el grupo de personas forma una congregación, una comunidad, no una multitud de personas que tiene la misma experiencia como extraños que acuden a ver una película. Las personas se sienten bien recibidas y con apoyo; se sienten parte de la comunidad, y experimentan afecto mutuo, calor y conexión. Se percibe, aunque no se mencione, el conocimiento de que Dios está entretejiendo a esas personas en el cuerpo de Cristo. Las visitas y las personas que no asisten a ninguna iglesia forman impresiones a través de sus experiencias en la adoración. Buscan apretura para poder pertenecer. "¿Se aman unos a otros? ¿Me sentiré querido? ¿Está Dios activo en esta comunidad? ¿Puedo apreciar la gracia de Dios en la manera en la que se tratan unos a otros? Las congregaciones con adoración apasionada atraen a personas nuevas porque se deleitan en lo que ven, se sienten agradecidas al estar en comunión. Las visitas escogen comunidades donde pueden aprender, encontrar esperanza y ayuda, y que las reciben con entusiasmo y con gracia desde el tiempo en que llegan al aparcamiento hasta que se van de regreso a casa.

Las congregaciones que practican la adoración apasionada experimentan el sacramento del Santo Bautismo y la Santa Comunión como medios de gracia, como maneras en las que Dios activamente forma discípulos y edifica el cuerpo de Cristo. En vez de simplemente realizar un acto cristiano bonito, ven el acto del bautismo de infantes como la iniciación en el cuerpo de Cristo, una expresión de la iniciativa inmérita de la gracia del amor de Dios. Instruyen a los padres con tacto, ayudan a toda la iglesia a entender el significado del bautismo, y toman tiempo para hacer que los símbolos cobren vida para las personas de todas las edades. Las pastoras que dirigen la adoración apasionada no leen la liturgia de la Comunión de una manera mundana y rutinaria como si quisieran terminar lo antes posible. En vez atraen a las personas con las palabras, la historia y los símbolos prestando atención a las inflexiones, pausas, énfasis, voz, tono y movimiento. Practican el culto hasta que se siente seguras y familiarizadas con la liturgia, aprenden los ritos de la iglesia, respetan el misterio y temor reverencial del sacramento al tiempo que lo hacen atractivo y accesible a las personas. No dirigen la Comunión cuando no están preparadas espiritualmente o sin atender a detalles. La forma de dirigir la Comunión no es impersonal o mecánica; se dirigen a las personas con humildad y gracia. Su pasión, respeto y amor por el sacramento impregna el culto, e invitan a las personas al sagrado compartir del pan y la copa.

Las iglesias que practican la adoración apasionada enfatizan especialmente los cultos de Navidad y del Domingo de Resurrección, pues están conscientes de la oportunidad desproporcionada que estos cultos ofrecen a la iglesia para tocar la vida de visitantes y miembros nominales. Hacen la música, el mensaje y la liturgia más accesibles para las personas con conocimiento limitado de la fe. Las visitas y los familiares se sienten bienvenidos y con apoyo por su participación en vez de cohibidos por su falta de familiaridad con la iglesia. Estas iglesias entrelazan con naturalidad la hospitalidad radical con la adoración apasionada, acogen a las personas nuevas para que experimenten el amor de Dios y las transformen. Además de la Semana Santa y Navidad, las congregaciones apasionadas espiritualmente planifican uno o dos cultos especiales a año, de excepcional calidad y con extensa publicidad, con predicadores invitados, una iniciativa misionera con un programa musical de niños y niñas, o como la culminación a una campaña de mayordomía. En estos eventos especiales, siguen medidas extraordinarias para invitar a las personas, con cartas personales o llamadas telefónicas. Estos cultos especiales fortalecen el sentido de pertenencia e identidad, dan vigor de nuevo a las personas que adoran con poca frecuencia y atraen a las visitas.

Los líderes de la adoración que con pasión se preocupan por la adoración no solamente evalúan y coordinan sus responsabilidades treinta minutos antes de los cultos, además se comunican entre semana para que cada uno tenga tiempo de prepararse y ofrecer lo mejor de sí mismos en un esfuerzo unido. Los líderes y voluntarios atienden a los detalles, resuelven los problemas, ajustan la iluminación, limpian la alfombra de manchas y cambian los cirios los jueves o viernes en lugar de hacerlo inmediatamente antes de que comience el culto cuando las personas comienzan a congregarse.

Las iglesias que muestran pasión por la adoración no solamente preparan sus cultos teniendo en cuenta a los miembros más antiguos o más maduros espiritualmente. También tienen en cuenta a las posibles visitas, a las personas jóvenes y a esas con poca experiencia en la adoración. Hay una cualidad abierta de invitación en cada elemento del culto, atrayendo a las personas a participar, involucrarse y conectarse. Su adoración demuestra la hospitalidad radical. Las hojas informativas, anuncios y carteles no contienen lenguaje de iglesia ni acrónimos; las oraciones, credos y respuestas litúrgicas se encuentran en forma impresa para que las personas nuevas no se sientan confundidas o ignorantes. Los elementos del culto atraen a los niños, o se proporciona cuidado de menores para que los jóvenes adultos puedan aprender a adorar y orar. Durante cada culto, los pastores ofrecen la invitación al discipulado o a la membresía, o animan a las visitas a una conversación personal con el liderazgo o voluntarios de la iglesia para saber cómo pueden involucrarse más en la vida de la iglesia. Todo lo que se hace clama, "Nos alegramos de que estén con nosotros. Vuelvan otra vez. Aprendan más. Nosotros les ayudaremos".

5.

Dios en Cristo cambia la vida de las personas por medio de la adoración apasionada. La adoración despierta el alma de las personas, las inspira y fortalece. Estas encuentran tal ayuda, ánimo, sentido de pertenencia y cuidado que no pueden dejar de hablar de sermones, ideas, historias, música y oraciones durante la semana. "Yo soy la viña", dice Jesús "vosotros sois los pámpanos" (Juan 15:5). La adoración conecta las ramas a la viña, mantiene a las personas conectadas a la fuente de vida y les ayuda a crecen en Cristo. Las personas que adoran que no se encuentran presentes sienten que se han perdido algo y que se les ha echado de menos. Las comunidades espirituales apasionadas aumentan en asistencia porque los miembros y las visitas no pueden sino compartir positivamente sus experiencias con otras personas. Se da una cualidad contagiosa en la adoración auténtica y atractiva que se refleja en los sermones, que eleva la música y hace afectuosa y atractiva a la comunidad. Como en la iglesia primitiva, Dios añade personas día a día porque los que adoran invitan naturalmente a esas personas con la que comparten cosas en común testificando sobre la sustancia esperanzadora, significativa y espiritual que ellas misma han hallado. La adoración apasionada apoya y nutre otros ministerios, misiones y el alcance de una congregación, y da vida, visión, dirección y ánimo a todo el cuerpo de Cristo.

Al ofrecer los mejores y más altos esfuerzos, pastores, músicos y líderes de adoración juegan un papel muy importante al proseguir la excelencia a través de la planificación en oración, preparación espiritual y aprendizaje constante. Pero la responsabilidad de adorar recae en más personas que simplemente en quienes dirigen los cultos. Todas las personas son fundamentales para fomentar la adoración apasionada.

Imaginen una iglesia que decide promover la vida de adoración de su congregación, y piden a cada ministerio y comité, cada clase de la escuela dominical y estudio bíblico, cada miembro del liderazgo y del coro, hacer algo adicional "por amor a Dios" para fortalecer la adoración de la comunidad y profundizar en la práctica de las devociones personales.

Imaginen a los síndicos que con el pastor examinen la funcionalidad y eficacia de los micrófonos, sistemas de sonido, iluminación y observen el altar, santuario, vestíbulo y guardería para ver si estos lugares son acogedores, seguros, y si están limpios y con buena iluminación. ¿Revela la forma en la que las personas se preocupan por su lugar de adoración su pasión por la adoración y su amor a Dios?

Imaginen equipos de misión, líderes de proyectos de trabajo y coordinadores de voluntarios incluir intencionalmente períodos de oración, devocionales, adoración o comunión en sus grupos. La iglesia podría iniciar un ministerio de oración para toda la congregación que enlace las peticiones, intercesiones y acciones de gracias de los miembros y las visitas para fortalecer el cuerpo de Cristo y el ministerio de la iglesia. Esas personas interesadas en escribir y que estén familiarizadas con las publicaciones electrónicas podrían imprimir colecciones de devocionales trimestrales, pedir a voluntarios que compongan meditaciones y distribuirlas entre los miembros para que así lean y oren del mismo material.

Imaginen a esas mujeres de la iglesia que preparen un retiro de una noche durante Cuaresma o Adviento en un centro de convenciones, casa de invitados o en un centro de retiros para centrarse en la oración o en otras de las disciplinas espirituales. Quienes planifican el ministerio de niños podrían iniciar un programa de acólitos que vaya más allá de encender los cirios y que incluya enseñanza en cuanto a la oración y adoración. El grupo de hombres podría proporcionar transporte para los miembros con dificultades para salir de casa para que puedan adorar, o podría iniciar un ministerio de grabaciones que enviara las cintas de los cultos a esas personas que no pueden dejar su casa. El comité de comunicaciones podría repasar el contenido de los boletines de la iglesia, poner anuncios de los cultos especiales en el periódico, y actualizar la apariencia del boletín para hacer hincapié en la adoración como actividad central de la iglesia.

Imaginen que el Comité de relaciones Personal-Parroquia hable de cómo fomentar oportunidades de aprendizaje y preparación espiritual adecuada para el pastor y el personal de la iglesia y así mejorar la excelencia de la adoración. ¿Cómo apoya la iglesia su participación en talleres y seminarios sobre la adoración y la predicación? Y, ¿cómo anima la práctica de visitar otras congregaciones con una cualidad autentica en su adoración y así beneficiar la iglesia por estos esfuerzos de aprendizaje cooperativo entre pastores, músicos y el personal de la iglesia?

Imaginen a los ujieres, recepcionistas y personal de la guardería y otros anfitriones reunirse juntos para orar y hablar de cómo mejorar la calidad de su hospitalidad para sobrepasar las expectativas a favor de las vistas y también miembros.

Imaginen si cada comité, grupo de trabajo, y miembro del personal de la iglesia se centraran en mejorar la adoración. Quizá no todo mejoraría al cien por ciento. Pero quizás cien aspectos mejorarían un uno por ciento y el apasionado amor de Dios, que evidencia de estos cambios, podría renovar la vida de esta congregación.

La responsabilidad de la calidad de la vida espiritual de la congregación no reside exclusivamente en el pastor o en la pastora. Y los comités, equipos y el personal de la iglesia no pueden hacerlo solos, tampoco. Lo que cada persona trae a la adoración moldea la experiencia de cada uno tanto como lo que cada persona descubre en esa experiencia. La adoración apasionada comienza con cada persona adorando individualmente.

Una forma de profundizar en la experiencia de la adoración es que cada persona activamente prepare su corazón y mente antes de asistir al culto. No hay nada que refuerce la práctica de la oración y del aprendizaje de las Escrituras que una vida devocional personal vibrante. Muchas congregaciones publican Escrituras o temas antes de los cultos para que los miembros puedan repasar las lecturas, meditar en los versículos y prepararse para la adoración. Otras iglesias alientan a los miembros que tomen notas, o proporcionan un bosquejo del sermón para que las personas repasen los puntos principales en casa después del culto. ¿Cómo prepara usted su corazón y mente parta la adoración?

Otra manera por la que cada persona pueden reforzar la vida de adoración de una congregación es ayudar en la creación de un sentido caluroso de acogida para hacer que el resto se sienta en casa. Nadie debería asistir a la adoración sin sentirse acogido por Cristo. ¿Cuál es su influencia en crear un ambiente genuino de atención y acogida para el prójimo?

La adoración se alza en los dones divinos de los miembros de la congregación. ¿Ofrece lo mejor de usted cuando canta, sirve como ujier o recepcionista o en la lectura de la Palabra? ¿Está usted dispuesto a aprender y enseñar en cuanto a la oración en su clase de la escuela dominical, ministerio de jóvenes, y estudio bíblico?

Nuestra experiencia de adoración comienza con la actitud, el deseo espiritual y la pasión que tenemos en nosotros. El himnario metodista *Mil voces para celebrar* incluye en la página viii las "Instrucciones históricas para el canto por Juan Wesley" datada en 1761. En esta anima a los primeros metodistas a que "Canten con vigor y buen ánimo. Cuídense de cantar como si estuvieran medio muertos o medio dormidos; por el contrario levanten su voz con fuerza... Sobre todo, canten espiritualmente. Tengan su vista puesta en Dios en cada palabra que cantan. Aspiren a agradarle a Él más que a ustedes mismos o cualquier otra persona". En la manera en la que cantamos u oramos, en cómo saludamos a otros y en cómo nos planteamos los sacramentos, la adoración apasionada comienza con el amor a Dios, nuestro deseo de abrirnos a la gracia de Dios, y nuestra pasión por relacionarnos con Dios. ¿Qué actitud y pasión trae usted a la adoración?

Las personas vienen a la oración cargadas de preocupaciones. Algunas se preocupan por un primo que está sirviendo en Irak, otras por sus problemas financieros que desquebrajan sus vidas familiares. Otras traen la falta de satisfacción personal en sus trabajos, vienen con miedo por su situación física, o se sienten afectadas por la inmensidad de una tragedia distante. Algunas personas se enfrentan a decisiones monumentales y otras el constante tener que moderar conflictos intensos en casa. Otras se sienten sobrecogidas con gratitud, humildes por sus sentimientos de amor y gozo, o buscan discernimiento en cómo canalizar sus impulsos caritativos. Cada congregación, grande o pequeña, es un tapiz de esperanza y dolor, un *collage* de experiencia y anticipación, un mosaico de dones, temores y aspiraciones. Las personas vienen para conectarse con Dios y entre ellas, para sentirse restauradas, recordadas y regeneradas.

La motivación para mejorar la calidad de la adoración no es solamente la oportunidad de profundizar en nuestra fe, sino también el permitir que Dios nos utilice a nosotros y nuestra congregación para ofrecer esperanza, vida y amor a otras personas. Dios obra a través de nosotros para cambiar el mundo. La adoración es el don y obra de Dios, una confianza que requiere lo mejor y más elevado de nosotros.

El compromiso con el Cuerpo de Cristo depende de la calidad de la invitación en gracia de la hospitalidad radical. La vitalidad espiritual de una congregación resulta de ver la adoración apasionada cono la congregación esencial del pueblo de Dios, y como el lugar donde Dios cambia corazones, redime almas y transforma vidas. Pero el progreso espiritual de una congregación y sus miembros dependen no solamente de lo que ocurre durante los período semanales de adoración. Y esto nos lleva a la siguiente práctica de las congregaciones vibrantes, con fruto y en crecimiento: el desarrollo intencional de la fe.

Preguntas para la conversación:

- ¿Cómo alienta y anima la congregación al pastor, líderes, laicos y músicos que dirigen la adoración para darles el tiempo adecuado de preparación de los sermones y la música para ser excelentes en la tarea de adorar? ¿Cuándo y dónde reciben capacitación los líderes de la adoración? ¿De qué manera apoya la congregación el entrenamiento y preparación de los líderes de adoración?
- ¿De qué forma integra la congregación a los niños para que formen parte de la adoración? ¿Incluye el ministerio de jóvenes experiencias significativas y participación en la adoración?
- ¿Cómo practica y enseña la oración su clase o grupo? ¿Cómo oran los unos por los otros, por la iglesia y por las necesidades del mundo?
- ¿Qué prácticas, lecturas, recursos o relaciones sustentan su propia vida devocional? ¿Cómo prepara su espíritu para la adoración?

Actividad de grupo:

Pida a varias personas de su clase que durante todo un culto de adoración se sienten en los asientos del altar o donde se sienta el coro. Pregúnteles después qué es lo que han notado y aprendido de la práctica de la adoración y sobre la congregación. ¿De qué formas han cambiado su perspectiva sobre la adoración al sentarse en el altar y de esta manera poder ver a toda la congregación?

CAPÍTULO TERCERO

LA PRÁCTICA DEL DESARROLLO INTENCIONAL DE LA FE

"Y perseveraban en la doctrina de los apóstoles, en la comunión unos con otros, en el partimiento del pan y en las oraciones". (Hechos 2:42)

En un pueblo remoto, a medio día de camino en las afueras de Jerusalén, una mujer alimenta el fuego con ramas secas y se dispone a preparar el pan para ese día. Se moja las manos con el agua contenida en un pequeño cuenco al lado del cántaro que había traído repleto con agua del pozo temprano por la mañana. Suspira profundamente al considerar la idea de otro interminable día de trabajo en el que solamente podrá hacer suficiente comida para alimentar a sus hijas y a ella misma. Desde la enfermedad y súbita muerte de su marido, se ha sentido abandonada y sola. Con el tacto del agua fría entre sus dedos, se pone a pensar en la historia que acababa de oír la noche anterior cuando se reunió con sus vecinos para la oración y la cena, la historia de una mujer que se encontró con Jesús en el pozo, y lo que Jesús le dijo a cerca del "agua viva". También recordaba la historia que otra persona que le contó en la que Jesús tocó a un hombre paralítico de hacía mucho tiempo al lado de un estanque. Luego una cascada de historias pasan súbitamente por su mente, cada una precipitándose sobre la siguiente, de un pastor y sus ovejas y de una mujer y sus monedas, de dos mujeres en lágrimas de pena y alegría delante de una tumba vacía, de una viuda pobre que dio más que toda la gente rica en el Templo. Se ríe para sí misma pensando en esta última.

La mujer había oído de Jesús por primera vez hace unos meses, y ahora recitaba sus historias. La voz se había extendido en cuanto a su muerte terrible (solamente era dos años mayor que su difunto marido cuando éste murió), pero incluso una historia aún más fascinante se entonaba, la de Jesús vivo y la de sus discípulos reunidos en Jerusalén y que después fueron a los diferentes pueblos. Había historias de Jesús que se contaban en el Templo, que se contaban una y otra vez en las calles y en las casas entre amigos. Ella comenzó a escucharlas, y lo que escuchó le maravilló. Y las personas que contaban las historias la invitaron a sus casas. Casi no podía creerlo. Todos sabían que sin marido ella estaba a su propia suerte, destituida. Pero estas personas la trataban de manera diferente. Ella y sus hijas comieron con ellas, recibieron más de lo que podían devolver. Y oraron por ella, y con ella por sus hijas. Este amor inesperado cambio todo en su vida. De repente ya no se sentía sola y abandonada; se sentía conectada, amada, y su vida recobró valor. Ahora podía oír todas esas historias, o de sus amistades, esos seguidores de Cristo. Donde fuera o cuando fuera que sus amigos se reunían para recontar esas historias, allí estaba ella, para después contarlas de nuevo a sus hijas y a sus vecinos. Le encantaba aprender más sobre Jesús, oír en cuanto a Dios, y edificar amistades con otras personas. Las historias la acompañaban al pozo todas las mañanas y de regreso a casa, la sustentaban durante la tarea diaria de alimentar a su familia; y con estas historias en su corazón y con las amistades a su lado, sus cargas se sentían menos pesadas y los días más llenos de vida.

Mil setecientos cincuenta años más tarde, en una pequeña casa rural con techo de paja, en un pueblecito cercano a Londres, un

---

"El estudio de la Biblia desbarajusta tu vida"

Carol se unió a una Iglesia Metodista Unida. Asistía al culto y a la escuela dominical y se ofrecía como voluntaria a varios proyectos y programas semanales de la iglesia. Un punto de cambio en el peregrinaje de la fe de Carol y su esposo fue cuando fueron a trabajar en un proyecto fuera del país con Voluntarios en Misión. También se apuntó a los estudios bíblicos del DISCIPULADO. En esa comunidad pequeña de apoyo de su clase, se enfrentó a las verdades e ideas que había estado buscando. Más aún, halló a Dios que la llamaba a un cambio radical de dirección y de prioridades en su vida. Con el tiempo se ofrecería al servicio cristiano a tiempo completo, cambiaría de trabajo, y actualmente trabaja como coordinadora laica de misiones, centrándose en los ministerios internacionales. "¡El estudio de la Biblia desbarajusta tu vida!" decía a otras personas bromeando pero seriamente. El aprendizaje en comunidad ayuda a las personas a explorar posibilidades que Dios puede plantearles que nuca hubieran considerado de otra manera.

hombre arrimó su pequeño diario a la luz de la lámpara y escribió sus pensamientos en cuanto a la reunión de la tarde. Había sido un día largo. Esa mañana trabajó en el campo desde el amanecer, con otros hombres del pueblo, hasta que se puso el sol. Pero a diferencia con el resto del grupo, su día no terminó con el trabajo en el campo. Se lavó lo mejor que pudo, comió algo rápidamente, se puso a leer las Escrituras en silencio para sí mismo y pidió en oración la guía del Espíritu. Cómo líder de la clase metodista, oró por cada persona que anticipaba ver antes de que llegaran. Uno por uno, comenzaron a llegar hasta que su casa se llenó con los saludos y risas, las bendiciones y la buena conversación de una docena de amigos y hermanos. Sus saludos congeniales y afectuosos trajeron calor más allá de lo que su pequeño corazón podía contener. Estos hombres también habían pasado el día trabajando, unos en establos y campos y otros en tiendas y cocinas.

Cuando todos llegaron, les recordó las reglas de Juan Wesley para las clases, y también el compromiso que habían contraído uno con otro para pertenecer al grupo: compromiso a asistir a los cultos públicos de Dios, la lectura y exposición de las Sagradas Escrituras y participar en la Comunión, y su compromiso a la oración personal y el estudio de las Escrituras. Arrimándose a la lámpara, les leyó su compromiso a velar el uno por el otro, a practicar diligencia y moderación, a hacer el bien siempre y a ser misericordiosos en tanto sea posible con todas las personas. Después les dirigió en canto y en oración y comenzó a hablar de sus experiencias durante esa semana, sus gozos y tristezas, tentaciones y pruebas, y cómo Dios le había liberado. Les preguntó a los otros sobre el estado de sus almas, y cada uno compartió en cuanto a su vida y la gracia divina durante la semana que acababa de culminar. También compartió las Escrituras que había preparado y expresó sus pensamientos en cuanto a los versículos que había tenido en mente mientras trabajaba el campo durante el día. Les dirigió en oración, recogió la ofrenda para la obra de Dios y se la pasó al encargado de la mayordomía, quien con cuidado anotó la cantidad que cada uno había dado. Ofreció la bendición de Cristo. Todos se despidieron calurosamente para regresar a sus casas, y dejaron a ese hombre a solas con su diario. Anotó la asistencia y escribió su impresión en cuanto al estado espiritual de cada miembro. Después apagó la lámpara y se fue a descansar. Había sido un día intenso, pero se sintió agradecido en suma manera por su vida, su fe y sus amistades. Se sintió renovado, fortalecido y con ánimo. Con su trabajo en el campo ganaba para su sustento. Con el cuidado de las almas, edificaba una vida.

Doscientos cincuenta años más tarde, una mujer joven se adentró en el aparcamiento de la iglesia justo antes de que el culto comenzara. Había llegado un poco tarde como la mayoría de los martes –todavía llevaba el traje de trabajo, su tarde parecía confusa por la prisa de ir del trabajo al colegio, de allí a las prácticas de fútbol de su hijo, después comprar algo de cena y apresurarse a la iglesia. Su hijo llevó sus deberes a la iglesia y los haría mientras su madre asistía al estudio bíblico. La mujer entró en la sala cuando la cinta de video comenzaba. Su mejor amiga estaba allí y le había guardado un sitio. Las dos se habían apuntado juntas a esta clase, por fin tomaron la decisión de hacerlo después de años de querer estudiar la Biblia. En la clase había también otras dos parejas, dos mujeres mayores, un graduado de la universidad y el líder de la clase, que se había jubilado recientemente de su trabajo en un banco. La mujer no conocía a ninguna de estas otras personas antes de apuntarse al estudio bíblico de DISCIPULADO, pero se asombró de todo lo que aprendió sobre sus vidas cuando compartieron sus pensamientos en cuanto a la fe, Dios y las Escrituras. También llegó a identificarse con estas personas cuando compartieron sus experiencias personales. El estudio de los martes por la tarde se convirtió en un tiempo refrescante cada semana, un oasis de ánimo, aprendizaje y apoyo. Durante diez minutos escuchaban a un profesor de un seminario por video que contaba las historias de Moisés, su nacimiento y matrimonio y su encuentro con Dios. Después se adentraron en la lectura, y compartieron observaciones y preguntas.

Cada día de la semana anterior había leído las Escrituras, a veces perdida en las costumbres y prácticas tan arcaicas de entonces, y confusa por las historias y los personajes. Tenía tantas preguntas en cuanto a Dios. No estaba segura de si tendría tiempo para reunirse, y a veces pensaba que estaba perdiendo el tiempo. Moisés parecía estar en un pasado tan lejano. Pero entonces el líder habló de Moisés –la zarza, el temor y humildad, las excusas y justificaciones que dio para evitar hacer lo que Dios le pedía. El estómago de la mujer se hizo un nudo cuando oyó a las personas del grupo hablar de las veces en las que Dios les había pedido hacer algo y repitieron las mismas excusas que Moisés. La mujer repasó las notas de su lectura durante la semana, y puso atención en una de las preguntas que anotó. "¿Cómo llama Dios a las personas? A veces siento que se me llama, pero no escucho voces ni he visto zarzas ardiendo". Compartió su pregunta con el grupo, y descubrió que también el grupo batallaba con los mismos pensamientos. La tarde culminó en oración, y después de llevar a su hijo a casa, ponerlo en la cama y sentarse un su silla favorita, se encontró así misma orando y preguntando, con expectativa, "¿Qué quieres que haga, Señor?".

2.

Las congregaciones vibrantes, con fruto y en crecimiento practican el desarrollo intencional de la fe. Desde los primeros cristianos, pasando por los primeros metodistas, hasta las generaciones jóvenes de miembros fieles de hoy, los seguidores de Cristo maduran en la fe cuando aprenden conjuntamente en comunidad. Las iglesias que practican el desarrollo intencional de la fe ofrecen una alta calidad de experiencias de aprendizaje que ayudan a las personas a entender las Escrituras, la fe y la vida en un ambiente de apoyo y dentro del cuidado de la comunidad. Las clases de la escuela dominical, los estudios bíblicos, los estudios de temas, los grupos de apoyo que aplican la fe a desafíos particulares de la vida, el culto de niños, la Escuela Bíblica de Vacaciones, las Mujeres Metodistas Unidas, los campamentos, los retiros, los grupos de jóvenes –son unas pocas de las incontables formas en que las iglesias ayudan a las personas a experimentar la voluntad de Dios en su vida y en el mundo, y que unen a las personas para fortalecer el cuerpo de Cristo al crear amistades y relaciones. Los discípulos cristianos buscan desarrollar su fe y crecer a la semejanza de Cristo a través del estudio y aprendizaje, lo que permite que Dios forme discípulos cuando las personas lo hacen congregadas o por sí mismas.

La invitación de Cristo, la hospitalidad radical, nos invita y acoge en la iglesia, y la presencia transformadora de Dios en la adoración apasionada abre nuestros corazones para recibir el perdón de Cristo, su amor y gracia al crear en nosotros el deseo de seguir a Cristo. Crecer en Cristo requiere algo más que la adoración semanal, pues es a través del desarrollo intencional de la fe que el Espíritu de Dios trabaja en nosotros, al perfeccionarnos en la práctica del amor conforme maduramos en el conocimiento y el amor de Dios.

El aprendizaje en comunidad replica la manera en la que Jesús deliberaba su enseñanza a los discípulos. Sus seguidores crecieron en el entendimiento de Dios y maduraron su conocimiento de la voluntad divina para sus vidas al escuchar las historias de Jesús, instrucciones y lecciones durante las cenas, en los montes y en el Templo. Jesús nos enseña a que aprendamos nuestra fe de esta manera.

Después de la formación de la iglesia por el Espíritu Santo en Pentecostés, las comunidades primitivas de cristianos crecían conforme "perseveraban en la doctrina de los apóstoles, en la comunión unos con otros, en el partimiento del pan y en las oraciones" (Hechos 2:42). Hagan nota de la mención del aprendizaje junto a la comunión en este pasaje.

Pablo espolvorea sus instrucciones sobre los seguidores de Cristo con ánimo para que aprendan, crezcan, enseñen y maduren. Presenta la fe como un concepto que no es estático, no como una posesión o algo inmovible, sino como algo en lo que se crece, que se anhela, como despojarse "de la pasada manera de vivir, del viejo hombre" y vestirse "del nuevo hombre" (Efesios 4:21-23). Queremos tener la misma forma de pensar que tenía Jesucristo, que permite que el Espíritu de Dios moldee nuestros pensamientos, actitudes, valores y comportamientos. Crecer a la imagen de Cristo es la meta y fin de la vida de fe.

El cambio que Dios produce en nosotros a través del Espíritu resulta en un profundo conocimiento de la presencia de Dios y su voluntad, y un deseo creciente de servir a Dios y al prójimo. Por la gracia de Dios, somos hechos personas nuevas. "De modo que si alguno está en Cristo, nueva criatura es: las cosas viejas pasaron; todas son hechas nuevas" (2 Corintios 5:17).

El crecimiento en Cristo es tarea para toda la vida. Pablo escribe, "No que lo haya alcanzado ya, ni que ya sea perfecto; sino que prosigo, por ver si logro asir aquello para lo cual fui también asido por Cristo", y dice, "extendiéndome a lo que está delante, prosigo a la meta" (Filipenses 3:12-14). La fe mueve, hace crecer, cambia y madura.

"Las puertas de adentro"

El pastor y líderes de una congregación mediana se percataron de que aun cuando la iglesia recibía muchas visitas, y un porcentaje alto de ellas se unían a la iglesia, la asistencia se mantenía igual mes tras mes. Durante varios años la congregación había experimentado crecimiento en asistencia y no podían entender por qué se estaba nivelando ahora. La práctica de la hospitalidad de la iglesia era excelente, las visitas y nuevos miembros se sentían acogidos dentro de la adoración y en la membresía. Pero después de unos meses, las visitas y nuevos miembros se iban a la deriva, eran menos consistentes en su asistencia y después simplemente dejaban de venir. Para entender esta situación mejor, el pastor visitó a algunos miembros recientes.

La iglesia descubrió que las personas se sentían acogidas y apoyadas cuando llegaron por primera vez a la iglesia, y se sintieron parte de la congregación en la adoración conjunta. Pero que cuando intentaron formar parte de las clases de la escuela dominical, organizaciones de hombres, coros, estudios bíblicos, sintieron que los grupos eran cerrados y no mostraban interés por las personas nuevas. Incluso tras intentarlo varios meses se sintieron marginalizados en estos grupos pequeños y ministerios. Una mujer dijo, "Antes de mudarme aquí, era la encargada de la cocina de mi antigua iglesia por años. No esperaba hacer lo mismo aquí, pero quise unirme al equipo de la cocina. Cuando aparecí para ayudar con la cena, me die-

Conforme maduramos en Cristo, Dios cultiva en nosotros los frutos del Espíritu: "amor, gozo, paz, paciencia, benignidad, bondad, fe, mansedumbre, templanza" (Gálatas 5:22). Estas son cualidades a las que los cristianos aspiramos; son características que el Espíritu de Dios forma en nosotros conforme profundizamos en nuestra relación con Dios a través de Cristo.

Estas características interiores y espirituales están íntimamente relacionadas, y sólo pueden aprenderse en la presencia de otras personas por medio de la práctica del amor. Se afinan en comunidad, y no con la lectura de libros o el estudio de la Escritura. Se hacen realidad en nuestras vidas por el amor que damos y recibimos de otras personas y por lo que aprendemos y enseñamos con otras. Jesús dijo, "por-

ron las servilletas y me dijeron que las pusiera en las mesas, y después me quedé sola el resto de la tarde. Sentí que no me necesitaban ni me querían allí".

El pastor y el liderazgo se dieron cuenta de que la "puerta de entrada" funcionaba bien al acoger a las personas de fuera, pero que se desvanecían por la "puerta de atrás" porque muchas de las "puertas de adentro" permanecían cerradas.

Comenzaron una serie de eventos educativos y lecciones en las clases para adultos, equipos de misión, organizaciones de servicio, coros y estudios bíblicos para llevar esa cultura de hospitalidad al siguiente nivel en al vida de la iglesia. Después de unos meses, observaron que los grupos pequeños de la iglesia empezaron a crecer y que la asistencia a los cultos comenzó a crecer de nuevo. Los miembros nuevos, en su mayoría, no se sentirán parte de la iglesia hasta que encuentren conexiones significativas en grupos pequeños más allá de la experiencia de la adoración. ¿Están abiertas las "puertas de adentro" de su iglesia?

que donde están dos o tres congregados en mi nombre, allí estoy yo en medio de ellos" (Mateo 18:20). Jesús enseñó en comunidad para que de esta forma aprendamos a descubrir su presencia en otras personas.

La noción de crecer en la fe es una práctica central metodista. Juan Wesley enseñó la santificación, la madurez de la fe hecha posible por el Espíritu conforme crecemos en la semejanza de Cristo. Wesley se preocupaba por el discípulo cristiano más allá de ese contacto inicial con la iglesia, y quería que los metodistas pasaran de gracia en gracia, y dedicaran tiempo en la presencia de la palabra de Dios y del pueblo de Dios para que así el Espíritu de Dios creara un corazón nuevo. Al abrirnos a la gracia santificadora de Dios, pedimos en oración que por la gracia de Dios, nos acerquemos a Cristo y profundicemos en nuestra relación con Dios más cada día. La fe cristiana no es estática, sino viva y requiere ser cultivada. Wesley tenía tanta pasión para que los cristianos maduraran al máximo en su fe como la tenía en su invitación a los creyentes para que iniciaran sus primeros pasos en la fe. Llamó a los primeros metodistas a prácticas que acogían la fe a través de la enseñanza en comunidad y que resultaba en un marchitamiento constante del viejo hombre al tiempo que nutrían los frutos del Espíritu. Este madurar constante, seguramente lleno de caídas, distracciones y pasos en falso, es la forma en la que el alma se perfecciona en el amor, crece a la imagen de Dios y da cobijo a la santidad interior. La meta a la que nos dirigimos es la de tener la misma mentalidad que Jesucristo tuvo (Filipenses 2:5).

Las palabras de la obra musical *Godspell* expresan ese deseo del discípulo cristiano por crecer en la gracia de Cristo y de avanzar diariamente en el conocimiento y amor de Dios. En esta obra, basada en el evangelio de Mateo, los actores representan la parábola del siervo que no quiso perdonar, en la cual el rey perdona una deuda enorme a un sirviente y éste se niega a perdonar una deuda más pequeña a otro siervo del rey (Mateo 18:23-35). Después Jesús explica que quienes desean seguirle deben perdonarse unos a otros de corazón, los actores entonan una preciosa oración que pide a Dios tres cosas: "Verte más claramente, amarte como amante, seguirte más de cerca día a día" (*Godspell*, Stephen Schwartz, 1973).

Como se dieron cuenta Wesley y los primeros metodistas, el crecimiento en la fe no se adquiere fácil ni automáticamente, sino que requiere el ubicarnos dentro de la comunidad para aprender la fe con otras personas. Wesley ensalzaba las prácticas de la oración pública y familiar, el escudriñamiento de las Escrituras, la participación en la Santa Cena y la práctica de las obras de caridad –todas estas en el apoyo comunitario. Aprendemos la vida de Cristo y la voluntad de Dios por medio del estudio de su Palabra y a través de nuestra experiencia con otras personas de fe. Las primeras clases metodistas, como en las reuniones de hoy, los estudios bíblico de DISCIPULADO y las clases de la escuela dominical, proveían los medios adecuados para ayudar a las personas a mantenerse fieles en su peregrinaje hacia Cristo. Cuando nos unimos a una clase o estudio bíblico, nos ponemos en las circunstancias más favorables para el crecimiento en fe. Los estudios bíblicos no son simplemente para nuestro beneficio personal, sino para ponernos en una situación en la que Dios nos puede moldear, al exponernos intencionalmente a la Palabra y llamado de Dios. Dios utiliza las relaciones de fe para cambiarnos.

La práctica del aprendizaje en comunidad proporciona a los discípulos una red de apoyo, aliento y dirección mientras buscamos crecer en Cristo. Conforme nos apropiamos de las historias de fe con otros, descubrimos que nuestras preguntas, dudas, tentaciones y tropiezos no son extraños, sino una parte del peregrinaje. Se nos expone a nuevas formas de pensar acerca de Dios y nuevas formas de ejercitar nuestra fe diariamente. Otras personas nos ayudan a interpretar la palabra de Dios para nuestras vidas, y ofrecen un antídoto a las interpretaciones desmesuradamente egocéntricas o narcisistas que confirman nuestros estilos de vida actuales, actitudes y comportamientos. El fruto del Espíritu que vemos en Cristo (Gálatas 5:22-23) no puede aprenderse fuera de una red de relaciones. En la intimidad de los grupos reducidos, aprendemos no sólo de los escritores y pensadores y personas del pasado a través de las Escrituras y otros libros, también de nuestros mentores, modelos y compañeros de peregrinaje en nuestras congregaciones. Damos con el propósito de recibir el cuidado de Cristo, oramos unos por otros, nos apoyamos los unos a los otros en tiempos de dolor y dificultad, y celebramos nuestras alegrías y esperanzas juntos. Las clases de la escuela dominical, estudios bíblicos, coros, y otros grupos pequeños son realmente "pequeñas iglesias" dentro de la familia mayor de la iglesia, y son los lugares donde con más certeza aprendamos a "regocijarnos con los que se regocijan" y "llorar con los que lloran" (Romanos 12:15). La gracia santificadora de Dios lleva el rostro humano de nuestros compañeros de discipulado.

Aprender en comunidad proporciona la rendición de cuentas en nuestro peregrinaje de fe. Un profesor de seminario solía decir, "Todos *quieren* tener el deseo de *querer* estudiar la Biblia". Se refería al contraste entre nuestras buenas intenciones y las prácticas reales. ¿Cuántas personas cada año que deciden que leerán toda la Biblia, comenzando por el Génesis en enero y Levítico en febrero, se han desalentado y no llegan al final de la Biblia?

Me considero un corredor serio, y las personas a menudo me preguntan cómo pueden empezar a correr. Cuando les pregunto si ya lo han intentado, inevitablemente me cuentan la historia de su resolución de año nuevo y de su entusiasmo del principio, cuando se levantaban a las seis de la mañana para correr. Este entusiasmo duró unos días, y a la segunda semana cuando la alarma sonó se dicen a sí mismos "no pasa nada si hoy corro más tarde, a las siete", así pueden dormir otra hora. Para la tercera semana cuando la alarma suena a las siete se dicen, "no tengo porque ser tan fanático; no tengo que correr todos los días para mantenerme en forma". Y la cuesta de bajada empieza, de cinco veces a la semana a una vez, de dos millas a una, de correr a andar y después nada. Así es el curso de muchas de nuestras buenas intenciones.

El secreto para correr, lo mismo que para el estudio de las Escrituras, es comprometerse con amigos que comparten los mismos intereses y metas. Si sabemos que hay otras personas que nos esperan en el parque a las seis y media, no tendremos problema para saltar de la cama a las seis cuando no nos apetece mucho. En comunidad se produce una responsabilidad natural. Un compromiso en grupo nos mantiene fuertes en nuestras convicciones y hábitos. Por esto Jesús envió a sus discípulos de dos en dos para que fueran "a toda ciudad y lugar adonde él había de ir" (Lucas 10:1). En parejas, los discípulos podían edificarse uno a otro para cumplir con la tarea, orar uno por otro y apoyarse mutuamente durante la inevitable resistencia, dificultades, equivocaciones o intentos fallidos. Aprendemos en comunidad porque otras personas nos mantienen fieles en la obra de crecimiento en Cristo. Esto es por lo que Juan Wesley organizó a los primeros metodistas en clases, bandas y sociedades y es la razón por la que las iglesias ofrecen clases de escuela dominical y estudios bíblicos y ministerios de grupos pequeños. Las prácticas de la fe demandan mucho sin el apoyo de otras personas. Otros cristianos nos ayudan por medio de la oración, lectura de las Escrituras, ejercicio del amor y del perdón, y la exploración y respuesta a la voluntad de Dios en nuestras vidas.

Dietrich Bonheoffer nos recuerda que un gozo incomparable resulta de la presencia física de otros cristianos. Vemos "en la comunión con otro cristiano una señal física de la gracia y presencia de Cristo". En comunidad, el cristiano ya no busca "su justificación en sí mismo, sino solamente en Jesucristo". De acuerdo con Bonhoeffer, todo cristiano necesita de otro cuando él o ella duda o se desanima. El Cristo en el corazón de uno es más débil que el Cristo en la palabra de un hermano o hermana (*Life Together*, Harper & Row, 1954, p. 20).

3.

La pastora de una pequeña congregación rural batallaba con la idea de cuál era la mejor forma de proporcionar estudios de la Biblia y comunión a las familias de la iglesia. Estas familias tenían horarios muy cargados de actividades y vivían muy apartadas de la iglesia y la una de la otra. Los intentos de iniciar estudios semanales en la iglesia siempre traían a los mismos pocos miembros, los que siempre asistían a todas las actividades fielmente. La pastora apoyaba estos esfuerzos, pero quería alcanzar también a las familias más jóvenes que no participaban en las actividades de la iglesia con frecuencia. Un día compartió su dilema y su deseo con una de las familias jóvenes, y casualmente les preguntó si ellos considerarían la idea de tener un estudio de una hora y media en su casa si ella pudiera conseguir que otras pocas familias se comprometieran a ir. La familia aceptó con entusiasmo y unas semanas más tarde tuvieron el primer estudio bíblico en su casa, un martes por la tarde, y se reunieron en la sala de estar con otras tres familias. La pastora inició una discusión informal con los adultos y adolescentes acerca de un capítulo de las Escrituras. En ocasiones provocaba conversaciones animadas sobre Jesús y sus parábolas, y después concluyó con un tiempo en oración conjunta. Los niños y niñas más pequeños jugaban en otra habitación. El estudio funcionó tan bien que la pastora se sintió con la confianza de pedir a otra de las familias que vivía en el otro extremo del condado si consideraría recibir en su casa a otro grupo de familias para hacer un estudio bíblico. Amablemente la familia aceptó. La pastora ahora dirige dos grupos alternando martes y así alcanza a siete parejas y familias. Después ambos grupos desearon reunirse para cenar, estudiar la Biblia y orar una vez cada varios meses. El deleite y gozo energiza sus conversaciones, y las familias esperan con entusiasmo sus próximas reuniones.

La pastora aprendió varias lecciones de esta experiencia. Primeramente que las personas quieren aprender en cuanto a la fe y desean el compañerismo, pero les resulta difícil encontrar tiempo. Cuanto más flexible pueda ser la iglesia será mejor. En segundo lugar, si las congregaciones mantienen el fin en mente (ofrecer oportunidades de aprendizaje de calidad en comunidad), tal vez los líderes tengan que romper con rutinas e ideas de lugar, frecuencia y currículo para llegar a otras personas. Pero, ¿qué pasa con la cantidad de trabajo que conlleva liderar dos estudios lejos de la iglesia? La pastora responde, "¿Qué pastor conoce que no pasaría una tarde a la semana para enseñar la fe con más del 20 por ciento de su congregación? Esto es tremendo para nosotros, y solamente espero poder hacer más en el futuro".

"Comidas para madres nuevas"

Ajustarse a la llegada de un nuevo bebé en la familia no es tarea fácil. Muchas madres y padres nuevos se hallan asimismo cayendo en la rutina de pedir pizzas por teléfono, comprar comida rápida, o básicamente sobreviven durante esos ajetreados y agotadores primeros días después de regresar del hospital con el bebé. Una iglesia decidió asistir en esta situación con un ministerio de "comidas para nuevas madres". Los miembros de la iglesia prepararon comidas caseras y las llevaron a las casas de estos nuevos padres varias veces durante las primeras dos semanas de vida del bebé. Muchas madres nuevas a menudo lloran de emoción por este tipo de cuidado y ayuda que reciben durante este tiempo crítico. Este ministerio de apoyo y cuidado modela el amor y ejemplifica la gracia, enseña a las familias jóvenes en cuanto al servicio, cuidado y ayuda. Aprender a cuidarnos unos a otros en comunidad desarrolla la fe de los que dan y de los que reciben.

Una iglesia más grande intentó en varias ocasiones y sin éxito iniciar una clase de escuela dominical para jóvenes adultos. Los líderes de la iglesia habían seguido las tácticas adecuadas: recopilaron una lista de entre sesenta y ochenta nombres de miembros, visitas, y amistades de edades entre 19 y 28 años; reclutaron una pareja de jóvenes adultos para guiar y enseñar la clase, y después de hacer mucha publicidad, mandar correspondencia y hacer invitaciones por teléfono, ofrecieron una fiesta y cena la noche antes de la inauguración de la clase. Esas tácticas habían funcionado bien cuando las utilizaron para iniciar otros grupos. Asistieron a la fiesta unos veinte jóvenes adultos de los cuales quince comenzaron a asistir a la escuela dominical las primeras semanas, pero después de tres meses, la clase disminuyó a cuatro o cinco jóvenes adultos y después se tuvo que suspender la clase por falta de asistencia. La iglesia repitió esta táctica cada doce o dieciocho meses durante varios años. La iglesia estaba estancada pues no podía ofrecer una enseñanza de calidad y compañerismo a los jóvenes adultos.

Conforme se preparaban para el siguiente intento, un matrimonio en sus cincuentas se ofreció para ayudar. Esta pareja, que vivía sola, tenía hijos que eran jóvenes adultos y no parecían la candidata adecuada para enseñar la clase. Sin embargo, eran maduros en su propia fe, habían enseñado muchas otras clases con anterioridad y tenían las cualidades de aceptación y acogida cuando trabajaban con las personas. Sentían que Dios les empujaba hacia este ministerio, amaban a los jóvenes adultos genuinamente, y se comprometieron a dar a este ministerio lo mejor de su tiempo y energía. El pastor, personal de la iglesia y equipo de enseñanza aprobaron su liderazgo, y la pareja comenzó a trabajar. Se pusieron en contacto con cada uno de los jóvenes adultos y con cada pareja para decirles lo que esperaban de esa nueva clase. Estudiaron páginas de la red informática, hicieron llamadas telefónicas a otras iglesias, y visitaron a otros líderes que habían trabajado con jóvenes adultos con éxito para anotar ideas. Descubrieron que unir a los estudiantes universitarios con parejas jóvenes que estaban comenzando familias no iba a funcionar, y decidieron centrarse en las parejas jóvenes. Después de semanas de conversaciones personales, formaron un pequeño grupo para discutir los planes y preferencias de cómo proceder. Las parejas jóvenes, en su mayoría, querían traer a sus hijos a la cena de inauguración (este deseo de incluir a los hijos en tantos eventos como fuera posible continuó por años). La primera reunión trajo de entre 50 a 60 personas, y los líderes expusieron el propósito del grupo, los temas con los que empezarían y algunas de las otras actividades y ministerios que podrían realizar juntos. Desde el principio, el grupo comenzó a mostrar interés por el programa y uno por el otro, especialmente cuando las parejas estaban a punto de tener un bebé o sus hijos se enfermaban. Los jóvenes adultos adoptaron una actitud para la invitación, siempre buscaban oportunidades para invitar a otros, y pocos meses después querían participar en proyectos de servicio en los que sus talentos e intereses pudieran ser útiles. El grupo se inició con éxito, mantuvo una asistencia fuerte que continuaba creciendo, desarrolló metas para las personas fuera del grupo y continúa sirviendo a gran número de jóvenes adultos.

Mientras tanto, los líderes de la iglesia estudiaban alternativas para atraer a los jóvenes adultos de la universidad. Las clases dominicales por la mañana no atraían a la multitud universitaria. La directora de jóvenes se reunió con varios estudiantes durante la comida y así habló de sus intereses y las actividades de la vida universitaria. Los domingos por la noche los estudiantes universitarios regresaban al recinto universitario y se reunían para compartir su hazañas del fin de semana. Siempre se quedaban hasta tarde y gorroneaban comida el uno del otro. Sabiendo esto la directora de jóvenes invitó a los estudiantes universitarios a su casa a las nueve de la noche el domingo, los estudiantes pasaron dos horas juntos comiendo, poniéndose al día, hablando de cuestiones de fe, y orando juntos. El domingo por la noche les dio a esos estudiantes la posibilidad de reconectarse y les proporcionó la oportunidad de prepararse espiritualmente para los desafíos que les deparaba la semana entrante. Decidieron reunirse cada domingo por la noche a las nueve.

¿Qué es lo que los pastores y líderes aprendieron de estas experiencias? Primero, seguir intentándolo. No desanimarse. Intentarlo de nuevo en diferentes horarios, lugares, con diferentes líderes y formas, pero nunca dejar de intentarlo. Segundo, la clave es relaciones, relaciones, relaciones. Los jóvenes quieren que se les trate con respeto; quieren sentirse valorados, y anhelan sentirse parte de algo. Como todo adulto, los jóvenes adultos quieren establecer su propia dirección y tener responsabilidades de acuerdo con sus dones. Tercero, no poner a todos los jóvenes adultos bajo la misma categoría, pues hay diferencias significativas entre solteros, parejas, parejas con hijos, estudiantes universitarios y jóvenes adultos sin estudios universitarios que trabajan. Cuarto, el liderazgo exitoso de la pareja en sus cincuentas ayudó a los líderes de la iglesia a ver algo que no habían percibido antes. Muchos jóvenes adultos sienten separación con sus padres, a menudo por situaciones de divorcio, segundas nupcias u otros conflictos mientras crecían, y quieren entender y relacionarse con parejas de la generación de sus padres que les traten como adultos y que pueden ser un modelo de madurez en la fe, de un matrimonio sólido, y de un matrimonio que ha sobrevivido tormenta de la paternidad. Buscan mentores y modelos de fe. Quinto, los jóvenes adultos puede ser que no tengan mucha experiencia en cuestiones de fe y puede que se sientan inseguros en cuanto a su falta de conocimiento, sin embargo anhelan una relación, una fe, y las oportunidades de impactar las vidas de otras personas. Desconfían de las normas de religión, pero les atrae la practica de la oración, y quieren aprender y servir. Y finalmente, aprendieron que los grupos pequeños no pueden sobrevivir sin el apoyo, liderazgo y ayuda de los miembros laicos. Y que tampoco pueden sobrevivir sin el apoyo activo, ánimo y permiso del pastor.

La práctica del desarrollo intencional de la fe toma formas innumerables. Algunas iglesias ofrecen programas ya preparados, comprometidos a experiencias de aprendizaje de gran calidad, como los estudios bíblicos DISCIPULADO, Compañeros en Cristo, *Beginnings* o *Alfa*. El material de la Iglesia Metodista *Treasures of the Transformed Life* (un estudio para toda la iglesia que se extiende por cuarenta días), los *Forty Days of Purpose* de Rick Warren, o el *Bible Study Fellowship*. Otras iglesias se centran mayormente en retiros, como son el Caminata de Emaús, Crisálida, *Marriage Enrichment Weekends*, o mini retiros que planifican y preparan las mismas iglesias. Otras relacionan la obra de grupos pequeños con el ministerio y la misión, y capacitan a las personas como ministros entrenados para ayudar a personas en crisis, grupos de cuidado pastoral, grupos de visitación, coros, grupos de alabanza, círculos de oración o voluntarios en grupos misioneros. Otras profundizan la calidad de la comunión y aprendizaje en ambientes tradicionales como las clases para adultos de la escuela dominical, y organizaciones como las Mujeres Metodistas Unidas o los Hombres Metodistas Unidos. Otras enfatizan grupos de apoyo que tratan con necesidades críticas como Alcohólicos Anónimos, grupos *Divorce Recovery* , grupos de apoyo al sufrimiento, o apoyo para las familias con Alzheimer. Y otras tantas iglesias crean sus propios programas, con nombres y énfasis diferentes que ofrecen aprendizaje a corto y largo plazo en academias, estudios de Cuaresma, retiros de Adviento, estudios bíblicos de diferentes temas o con libros en cuanto a asuntos de fe y problemas sociales. Incuso las iglesias pequeñas pueden ofrecer ministerios robustos de aprendizaje, crecimiento y madurez de la fe por medio de la creación de oportunidades para los miembros más antiguos y para los que son nuevos con el objetivo de aprender en comunidad. Solamente se necesita que "dos o tres se reúnan en el nombre de Cristo" para poder experimentar su presencia y crecer conjuntamente en la fe.

En una iglesia en la que serví, ofrecíamos el estudio bíblico de DISCIPULADO pocos meses después de entrar en el pastorado de la congregación. El interés de la congregación era tan grande que treinta y siete personas se apuntaron al estudio. Dividimos a las personas en grupos que se reunían en diferentes noches y el estudio comenzó. Al principio me sentía abrumado, pero después de unos meses me di cuenta de lo incalculable que fue el valor de proporcionar estos estudios profundos de la Palabra con los líderes y otros miembros de la iglesia. Llegue a conocerlos personalmente, y estas personas llegaron a conocer a su nuevo pastor. El estudio nos ofreció la oportunidad de discutir temas como el diezmo, el ministerio a los pobres, y el propósito de la iglesia que hubieran llevado años para desarrollar si se hubieran seguido otros caminos. Al siguiente año, teníamos más maestros y podía ofrecer más clases hasta que más de doscientos miembros pasaron por el DISCIPULADO.

DISCIPULADO cambia las vidas de las personas. Las personas disciernen su llamado a diferentes formas de ministerio laico dentro de la iglesia, y unas pocas de ellas fueron al servicio cristiano a tiempo completo. La práctica del diezmo aumentó, la asistencia al culto vino a ser más constante, y los miembros adquirieron una apreciación más profunda por los sacramentos. En los diez años siguientes, casi todo el liderazgo laico de los nuevos programas para niños, iniciativas de misión, de las nuevas clases de la escuela dominical, los nuevos cultos de adoración, y el nuevo énfasis de mayordomía surgió de los miembros que habían profundizado en su entendimiento de la fe por medio del programa DISCIPULADO. Los cambios fundamentales en la fe y hábitos producidos por Cristo persisten y traen fruto solamente cuando están sujetos por el continuo aprendizaje en comunidad.

El estudio de la Biblia cambia iglesias. Cuando los líderes de la iglesia toman su propio crecimiento espiritual seriamente, se sumergen en el estudio de la Escritura, en oración y compañerismo, entienden el propósito de la iglesia y el objetivo del ministerio de diferente manera. Peter Drucker observa que "El propósito del liderazgo en la iglesia no es hacer de la iglesia un negocio, sino hacer la iglesia más cómo una iglesia". Mientras que los líderes de la iglesia deben aplicar sus conocimientos de negocios, contabilidad, inmobiliaria, en asuntos legales y bancarios para mejorar la eficacia y responsabilidad de la iglesia, no deben perder de vista el objetivo de la iglesia, un propósito que se deriva de la vida, enseñanza, ministerio, muerte y resurrección de Jesucristo. ¿Cómo pueden los líderes de la iglesia tomar buenas decisiones de fe para una congregación sin el fundamento adecuado en la fe? La decisión si la iglesia debería poner sus edificios a disposición de Alcohólicos Anónimos no debe reducirse a contratos de alquiler; es una decisión ministerial. Si la iglesia debe construir un nuevo centro para la juventud, o apoyar con fondos un viaje de misiones al extranjero, o apoyar un centro local para alimentar a los pobres, son decisiones que no se reducen al análisis de su mero costo. Estas decisiones requieren corazones de fe que exploran la voluntad de Dios al mismo tiempo que consideran los informes financieros. Las iglesias vibrantes, con fruto y en crecimiento están dirigidas por personas laicas y pastores que intencionalmente obran para crecer en la gracia de Jesucristo y en el conocimiento y amor de Dios, y que entienden la necesidad del compañerismo cristiano íntimo y la instrucción intencional de la fe.

4.

La iglesias que practican el desarrollo intencional de la fe no sólo ofrecen clases tradicionales de alta calidad en la escuela dominical para adultos con el propósitos de aprendizaje y comunión, también inician y apoyan estudios durante la semana, grupos caseros, "Brown Bag" estudios bíblicos al medio día y patrocinan oportunidades para estudios de fe con varios horarios y lugares para hacerlos tan accesibles y convenientes como sea posible. Se centran en los horarios e intereses de las personas que buscan servir, incluso cuando no están dentro del horario usual de la iglesia. No temen empezar reuniones con los jóvenes o grupos en las universidades en horas inusuales o en lugares inesperados si estos resultan mejores para los estudiantes que el domingo por la mañana. Ofrecen aprendizaje continuo en grupos con varios niveles de compromiso y experiencia para que todas las personas encuentren un nicho, con algunos estudios que no requieren preparación y otros que requieren lectura y preparación. Ofrecen clases a corto plazo y estudios a largo plazo como también oportunidades a las que las personas pueden asistir en cualquier tiempo. Buscan tener a tantas personas en los ministerios de grupos pequeños que el número de participantes en todas las clases, coros y equipos exceda el 50 por ciento de la asistencia semanal del culto de adoración.

Las congregaciones que practican el desarrollo intencional de la fe no sólo proporcionan ministerios de aprendizaje y comunión en grupos pequeños nuevos y variados para sus miembros antiguos, sino también comienzan grupos nuevos que se adaptan a las necesidades de los miembros nuevos, visitas y personas que no asisten regularmente todavía a la iglesia. Se dan cuenta del poder de temas especiales de interés para poder atraer a las personas que no asisten a la iglesia, y anuncian e invitan más allá de los muros de su propia iglesia. Tales iglesias reconocen que los grupos pequeños más accesibles para la gente nueva son los grupos nuevos, y así constantemente inician grupos, invitan y apoyan nuevas oportunidades para el aprendizaje en comunidad para asimilar a las personas dentro de la vida de la iglesia.

Los pastores y líderes de las iglesias que valoran el desarrollo intencional de la fe no sólo apoyan públicamente y asisten con el liderazgo de estudios bíblicos y clases, también acentúan la importancia del desarrollo continuo de la fe en los sermones, lecciones y artículos en el boletín. Junto con Wesley, expresan gran interés por el crecimiento de sus miembros en las fases más avanzadas de la fe total tanto como en el inicio de su caminar en la fe. Aún cuando el lenguaje de la santificación no se utiliza explícitamente, los temas de madurar en la fe reaparecen en los valores centrales de la congregación. La noción de crecimiento en la fe por medio del aprendizaje en comunidad se hace bien conocida, valorada altamente y practicada extensamente. Los pastores y líderes laicos continuamente invitan y animan a nuevas personas a la adoración y a dar el siguiente paso hacia el compromiso congregacional cuando se comprometen a formar parte de un grupo pequeño de estudio, clase o equipo de trabajo.

Las congregaciones que toman seriamente la práctica del desarrollo intencional de la fe exploran maneras de formar comunidades de aprendizaje utilizando las nuevas tecnologías. Inician *blogs*, chatean, mencionan vínculos en la red y experimentan con estudios de la Biblia por correo electrónico con grupos específicos de personas o en cuanto a un tema determinado. Muchas personas prefieren leer las Escrituras y "hablar" con otras mediante el Internet, pues les da tiempo para pensar las cosas antes de responder y extienden las conversaciones a través de la semana. Las iglesias también disponen sermones, lecciones especiales y presentaciones listas para descargar para que esos miembros, amistades e invitados puedan escucharlas cuando tienen tiempo mientras conducen, corren o hacen ejercicio.

Las iglesias que practican el desarrollo intencional de la fe no solamente forman la fe por medio de los grupos de afiliación educativos como los estudios bíblicos y la escuela dominical, también entienden y apoyan el tremendo impacto que los grupo pequeños, que se orientan en cuanto a determinadas tareas, tienen en la formación de la fe, grupos como los coros, grupos de alabanza, *Stephen Ministries*, equipos de trabajo en la cocina y equipos de misión. Ayudan a estos grupos a entender su importancia en la formación de la fe, en el desarrollo de una cultura de hospitalidad para acoger a gente nueva, y se aseguran que tales ministerios están vinculados con oración y caracterizados por el cuidado mutuo y apoyo de sus miembros.

En las iglesias que intencionalmente fortalecen los ministerios de los grupos pequeños, los pastores y líderes de la iglesia operan hacia el objetivo de que cada grupo de aprendizaje tenga componentes de compañerismo, y cada ministerio de compañerismo tiene elementos y prácticas que culminan en la formación de la fe. Alientan a las clases de la escuela dominical y estudios bíblicos a reunirse para ejercer el compañerismo en cenas, fiestas de Navidad, proyectos de servicio, apoyo en oración y otras prácticas que unen a la comunidad. De forma paralela, animan a los grupos formados en torno a intereses comunes y comunión sencilla (como en clases de aeróbicos, clases para padres, clubes de libros, grupos de viajes para adultos mayores, y seminarios de planificación financiera) que incluyan elementos de oración, devocionales e invitaciones a otros ministerios de la iglesia.

Las congregaciones que practican el desarrollo intencional de la fe no temen el fracaso, y voluntariamente inician ministerios nuevos de aprendizaje en comunidad, conscientes de que algunos echarán raíces y durarán por generaciones y otros sólo continuaran por algunos meses y después se desvanecerán. Reconocen que Dios puede cambiar vidas al obrar a través de nuestros intentos imperfectos de comenzar nuevas clases de la escuela dominical o grupos de comunión, incluso cuando éstos solamente duren unos pocos meses. Cuando comienzan grupos nuevos, no permiten a las personas que no están interesadas en el tema, en la hora o en el lugar veten a quienes están interesados y tienen el deseo ferviente de hacerlo. Por esto no temen comenzar grupos con pocos miembros, y confían que Dios utilizará ese tiempo para nutrir a las personas que asisten.

Las congregaciones que se destacan en el desarrollo intencional de la fe dependen no solamente de sus pastores para guiar la enseñanza y los ministerios de formación, también invitan, apoyan y capacitan a laicos para liderar grupos pequeños, enseñar estudios bíblicos y coordinar grupos de apoyo. Toman en serio el cuidado y la nutrición de los maestros, voluntarios y otros coordinadores laicos, al darles apoyo con muestras de apreciación, recursos y entrenamiento. Levantan a los maestros y líderes en oración, se les reconoce durante el culto por medio de la consagración o cultos de apreciación, y se les mandan notas personales de ánimo. Desarrollan sistemas para asegurarse que las necesidades de los líderes se suplen para que ningún líder de grupo pequeño se sienta a solas, no equipado o no apreciado. Para los programas más formales, como DISCIPULADO o *Stephens Ministries*, los líderes de la congregación con entusiasmo apoyan la capacitación formal pagando el costo que requieren los grupos de trabajo y seminarios.

Las iglesias moldeadas por el desarrollo intencional de la fe no dependen de un solo lugar para reunirse, como para eventos de formación en el escenario de la iglesia, sino también son conscientes del valor que tiene sacar a las personas de sus rutinas diarias en retiros de uno a tres días para concentrarse en asuntos de fe y vida. Organizan retiros de una noche para mujeres, hombres, parejas, jóvenes y familias. Los propósitos de estos período fuera de la rutina diaria varían ampliamente, desde retiros de Adviento y Cuaresma a retiros con temas determinados introducidos por conferenciantes invitados, utilizando libros y materiales especiales e incluyendo tiempos de aprendizaje, reflexión, compañerismo, compartir, adoración y tiempo de quietud.

Para las congregaciones que aspiran al desarrollo intencional de la fe, no sólo se espera de los laicos que practiquen el aprendizaje comunitario, sino también se espera lo mismo del pastor y del liderazgo de la iglesia. Los pastores y el liderazgo trabajan activamente en la profundización de su propia fe y no solamente se centran en sus habilidades para el ministerio. Los pastores estudian las Escrituras, no sólo para la preparación de los sermones o para su enseñanza, sino que también profundizan en su propia relación con Dios. Participan a modo de comunidad con otros pastores y personas laicas en actividades como los grupos de estudio del leccionario, grupos de compromiso, grupos de apoyo y redes de aprendizaje. Las personas laicas ven a sus pastores crecer, aprender y profundizar en la fe conforme buscan estas oportunidades.

Las iglesias que practican el desarrollo intencional de la fe constituyen grupos no sólo en torno a estudios bíblicos o temas explícitos de fe, sino también en trono a intereses, experiencias y desafíos comunes, como grupos de recuperación tras situaciones dolorosas y divorcios, abuso de drogas, cómo ser buenos padres, sobrevivientes del cáncer, cómo salir de deudas, planificación financiera, grupos de apoyo para adultos de edad media con padres ancianos. Los temas son numerosos y unen a estas personas con apremiantes desafíos diarios. A veces la fe juega el papel central en estas conversaciones y temas, y otras veces la fe se introduce en las discusiones de forma menos explícita conforme las personas lidian con sus problemas en el ambiente de apoyo de la iglesia. Las iglesias muestran el deseo y entusiasmo para poner sus edificios a disposición de organizaciones de apoyo después de una petición razonable, organizaciones cuyos propósitos son consistentes con los de la misión de la iglesia.

Las iglesias que practican el desarrollo intencional de la fe saben con certeza que la madurez en Cristo viene por contenido y relaciones. Las ideas cambian a las personas; y las personas cambian a las personas; y Dios utiliza ambas en conjunto para nuestro beneficio y para moldear nuestras vidas en la imagen de Cristo. La transformación se produce a través del aprendizaje en comunidad.

Los líderes de la congregación que practican el desarrollo intencional de la fe consideran cuidadosamente el ciclo de vida de los miembros, y buscan formas en las que la iglesia forma la fe en cada etapa de la vida. Buscan brechas, oportunidades y necesidades no cubiertas para pulir sus ministerios. Hacen el inventario de su programa anual del ministerio los niños y niñas: escuela dominical, coro de niños, programas de entre semana, Escuela Bíblica de Vacaciones, programas de Navidad, culto de niños, proyectos de misión, y todas las otras maneras de impactar en las vidas de los niños y niñas durante el año. Se preguntan si su ministerio es suficiente, completo, si da ayuda y es eficaz, y cómo pueden mejorarlo. De forma similar, consideran a los niños de preescolar, jóvenes y jóvenes en edad universitaria, jóvenes adultos, solteros, parejas de edad media y personas de tercera edad. Evalúan con honestidad qué es lo que hacen a la hora de proporcionar programas y grupos pequeños para sustentar el crecimiento en la fe para personas en todas las etapas de la vida. En vez de crear ministerios educativos y de formación eclécticos, al azar, sin una evaluación seria, emprenden el cultivar el crecimiento en la fe de las maneras más intencionales que tratan las necesidades no cubiertas y que involucren a más personas en relaciones, hábitos y prácticas formativas que les ayuden a crecer en el conocimiento y amor de Dios.

5.

La benévola acogida de Cristo acentúa nuestro sentido de pertenencia por medio de la práctica de la congregación de la hospitalidad radical. Dios orienta nuestro corazón y mente hacia Cristo a través de la adoración apasionada, honrándonos con el deseo de seguir a Cristo de cerca. La práctica del desarrollo intencional de la fe madura nuestro entendimiento y experiencia de Cristo. No importa lo dedicados que son nuestros esfuerzos, la transformación del corazón y de la mente humana es obra de Dios a través del Espíritu Santo, y el aprendizaje intencionado en comunidad es nuestra manera de ponernos en las manos de Dios para que pueda esculpir nuestras almas y recrear en nosotros la imagen de Cristo. La intimidad y compañía refrescantes de otros cristianos, cuando aprendemos juntos, nos injerta en el cuerpo de Cristo y se convierten en un medio de gracia por el cual Dios despierta un gran deseo de amar al prójimo. La renovación y crecimiento espiritual interior cambia comportamientos exteriores al convertirse el seguir a Cristo en una forma de vida. El deseo creciente de servir a Cristo por el amor al prójimo crea el anhelo por responder al llamado de Dios a ser misericordiosos, compasivos y justos. Esto nos lleva a la siguiente práctica de las congregaciones vibrantes, con fruto y en crecimiento, la práctica de misión y servicio arriesgados.

Preguntas para la conversación:

- Haga una lista de todos los ministerios de grupos pequeños y actividades de su iglesia que se dan fuera del culto durante la semana que ayudan a las personas a estudiar, aprender, experimentar y practicar la fe. ¿Cómo se nutre la fe de los niños y niñas? ¿De los jóvenes? ¿De los adultos jóvenes? ¿Solteros? ¿Parejas? ¿Adultos de edad media o mayores? ¿Cómo se suplen las necesidades de esas personas nuevas en la iglesia?

- ¿De qué manera se comienzan grupos nuevos, estudios o clases en su iglesia? ¿Cómo se invita a las personas nuevas, visitas y esas fuera de iglesia a nuevos estudios o clases? ¿Es el número de asistencia a esos grupos por lo menos el 50 por ciento de la asistencia total al culto?

Actividad de grupo

En grupos de dos o tres, numeren las oportunidades de aprendizaje en el período de un año a las que les gustaría asistir si se ofrecieran en la iglesia. ¿Qué es lo que más desea aprender en cuanto a la fe? ¿En qué ambiente siente usted que aprende mejor?

Comparta con su grupo una experiencia en su fe que ha cambiado su forma de vivir de una manera significativa. ¿Cómo la aprendió y de quién la aprendió? ¿Cómo la ha compartido con otras personas?

CAPÍTULO CUARTO

LA PRÁCTICA DE MISIÓN Y SERVICIO ARRIESGADOS

"De cierto os digo que en cuanto lo hicisteis a uno de estos mis hermanos más pequeños, a mí lo hicisteis" (Mateo 25:40).

1.

Nuestros anfitriones nos esperaban en el aeropuerto, y después de acomodar el equipaje en el reducido espacio del vehículo que traían y ocupar nuestros asientos, salimos de la cuidad y nos adentramos en valles enverdecidos por la vegetación tropical. La serpenteante y estrecha carretera se elevaba y descendía, y con cada giro abrupto nos reclinábamos unos sobre otros, con cada bache y descenso se nos anudaba el estómago, gemíamos y bromeábamos y nos aferrábamos a nuestros asientos con más ahínco. La luz del día se diluía cuando sentimos el cambio de la carretera de pavimento a una de grava y más tarde a un camino de tierra seca abruptamente cavado. La iluminación de la carretera y las luces de los automóviles se hacían cada vez más escasas hasta que empezamos a maniobrar lentamente por gigantescos baches en una oscuridad absoluta, la única iluminación de la carretera era la que nuestro vehículo proporcionaba. Nos paramos al lado de una valla en lo que parecía ser la calle sin pavimento de un pueblo, y cuando el conductor apagó las luces del automóvil, la oscuridad de esa noche sin luna nos tragó. No podíamos ver nada aunque sí oír las voces de personas, muchas personas, aglomerándose alrededor del vehículo. Cuando nos aventuramos a salir sentimos los apretujones de las personas, jóvenes y ancianos, dándonos la mano, ofreciéndose a cargar nuestro equipaje, dándonos la bienvenida y bendiciéndonos. Nos apresuramos por unas escaleras y a través de una verja a una pequeña casa parroquial donde había una lámpara luminiscente en la cocina llena de gente. Cada habitación parecía rebosar de gente lista para ayudar. Nos informaron más tarde que el generador de electricidad, que generalmente proporciona electricidad durante varias horas cada noche, se había descompuesto, y que hubo alguna confusión con las fechas y horas de nuestra llegada lo que resultó en que la cena no estaba preparada; además, un malentendido en el número de personas de nuestro equipo resultó en no contar con suficiente alojamiento para todos. Gradualmente los miembros del equipo se ofrecieron a dormir en sillas, o en sacos de dormir en el suelo. Nuestros anfitriones nos recordaron algunos de los riesgos asociados con las letrinas, la malaria y el agua del pozo. Ese entusiasmo abrasador que dirigía al equipo al comienzo del viaje durante el vuelo parecía disiparse, con la suave luz que producía la lámpara, se podía ver al equipo confuso, casi se podían leer sus pensamientos, "¿Qué estamos haciendo aquí?" Más tarde durante la noche, llegó la comida, y después de reunirnos brevemente para un devocional y algunas oraciones, nos hallamos descansando, y preguntándonos qué nos depararía el día siguiente.

El canto de los gallos nos despertó temprano con el sol tropical, podíamos oír las voces de nuestros vecinos a nuestro alrededor, a las mujeres preparando tortillas para el desayuno y a los hombres afilando los machetes antes de adentrarse en el campo. Salimos de la casa para observar a un grupo de chicas jóvenes con cuencos en la cabeza y monedas en las manos dirigiéndose, como cada mañana, al molino para comprar masa para sus familias. El olor a madera quemada llenaba las calles conforme la gente se preparaba para trabajar, hacían la comida, limpiaban la ropa, se bañaban utilizando los barreños al lado de sus casas. En un pueblo sin electricidad ni sistema de alcantarillado, sin coches y con un autobús que hacía paradas ocasionales, los vecinos obtenían el agua de grifos comunitarios, compartían bicicletas, y andaban juntos en grupos pequeños a mercados lejanos. Nuestros anfitriones nos recibieron con el desayuno listo, y pronto se nos convocó para oír en detalle nuestra tarea, colocar las baldosas en el suelo de la iglesia metodista del pueblo. Durante los siguientes cinco días, desde la mañana temprano hasta tarde por la noche, mezclábamos el cemento con la ayuda de los jóvenes del pueblo, colocábamos los azulejos bajo la supervisión del experto local (que a veces parecía abochornarse por nuestro trabajo de aficionados), y compartíamos las comidas con el pastor y los miembros de la iglesia. Algunos de los nuestros enseñaron y aprendieron cánticos con lo niños, contaron historias de la Biblia y asistieron con manualidades. Ofrecimos una Escuela Bíblica de Vacaciones con el lema, "ven tal como eres y cuando quieras", a todos los niños y niñas de todas las edades, adolescentes y padres. Adoramos con la congregación anfitriona bajo el cielo estrellado, predicamos, oramos y cantamos en inglés y español, maravillados de lo vívida y conmovedora que es una adoración sin edificios, aire acondicionado, sistemas de sonido, pianos, himnarios, boletines, relojes en la pared o incluso un lenguaje común. Ellos cantaban para nosotros en español, nosotros lo hacíamos en inglés; su pastor predicó en español, dándonos la bienvenida en inglés, y nuestro pastor respondió balbuceando, con un español imperfecto, un saludo recíproco. Cinco días más tarde y después de días interminables de trabajo tumultuoso hasta el sábado por la noche, terminamos el santuario, y observamos con gusto y humildad a los niños danzando descalzos por el suelo todavía fresco y sobre sus azulejos fríos mientras la congregación alzaba su voz en oración y con cánticos. Al día siguiente nuestra misión había terminado, demasiado pronto daba la impresión; hicimos las maletas y con afecto genuino y agradecimiento mutuo por ese tiempo compartido, oramos con nuestros anfitriones y nos metimos apretados en nuestros vehículos para volver al aeropuerto.

Acabo de describir un viaje a Honduras que los Voluntarios en Misión (VIM) Metodistas Unidos realizaron con un grupo de estudiantes universitarios y personas jubiladas, dentistas y maestros, músicos y banqueros. Si se cambian algunos detalles del viajes, éste podría describir miles de otros proyectos de la iglesia que se han llevado a cabo en Sur y Centroamérica, en Europa del

---

"Entretejido de culturas"

Una congregación de la Iglesia Metodista Unida ha trabajado en proyectos de servicio en México por años, cooperando con la Iglesia Metodista autónoma de ese país, construyendo casas y renovando iglesias. Después de la devastación de Nueva Orleans por el huracán Katrina, esta congregación en los EE.UU. se sintió llamada a preparar un equipo para asistir en la limpieza y reconstrucción de la ciudad. Un pastor y una congregación de México querían ayudar en el esfuerzo. En conjunto las dos congregaciones, una de Texas y la otra de México, planificaron el proyecto de trabajo compuesto de voluntarios de ambos países. El equipo conjunto de trabajo coordinado con una iglesia en Louisiana, durmieron sobre el piso, trabajaron en la limpieza y reparaciones durante el día, y ofrecieron sus oraciones y adoración por los miembros de la iglesia local. La mezcla de estas tres culturas era testimonio de la habilidad del Espíritu de entrelazar y fortalecer la vida incluso en las situaciones más difíciles.

Este, Asia, África, e incluso en áreas de EE. UU. consideradas con necesidades especiales o que han sido trastornadas por desastres naturales.

Estoy sumamente consciente de los riesgos que conllevan proyectos que ponen en contacto a dos o más culturas diferentes por las discrepancias impares de riqueza y poder, diferencias de valores, prácticas, costumbres, vestimenta y de estilo de vida. A veces nuestras actitudes paternalistas arruinan los esfuerzos bien intencionados; las presuposiciones de supremacía cultural envenenan el aprendizaje honesto; y las palabras insensibles, personalidades dominantes y actitudes de autojustificación hacen de estos intercambios culturales tan atractivos como lo es el sonido que se produce al raspar la superficie de la pizarra con las uñas. Además, tales proyectos son en su mayoría poco rentables teniendo en cuenta el resultado que se espera de ellos. Enviar los fondos y no personas hubiera proporcionado el piso de la iglesia de una forma más económica, sacrificando el aprendizaje y esa conexión intercultural e interpersonal.

Por otro lado, los proyectos que se hacen bien y con la intención y espíritu apropiados cambian vidas radicalmente. Equipos de voluntarios construyen casas, iglesias, reparan parroquias, hacen rampas para personas con sillas de ruedas, abren clínicas, proporcionan cuidado médico, pintan colegios, cavan pozos, ensanchan carreteras y enseñan a niños y niñas. Los mejores proyectos no se centran en lo material ni en los edificios tanto como lo hacen en relaciones y personas, y son éstos los que generalmente resultan en un nivel de compromiso genuino, de escucha y aprendizaje mutuos.

Las iniciativas misioneras cambian las vidas de esos que reciben asistencia. Una mujer que había perdido casi todas sus posesiones terrenales en una inundación dijo, "No lloré cuando las aguas destruyeron mi casa. Sin embargo, cuando vi a personas de la iglesia viajar una distancia tan larga para ayudarme a limpiar y reconstruir mi casa, no pude parar de llorar". No hay nada peor que pasar por tiempos difíciles a solas y descubrir que hay otras personas que se preocupan lo suficiente para ayudar, para dar de su tiempo y trabajar, para sacrificarse en favor de otra persona —esto es gracia. Y cuando el trabajo que los equipos de misiones terminan, se producen cambios en las vidas. Una casa en buen estado y con piso de cemento reemplaza otra con parches de madera y sin piso, las vacunas y antibióticos previenen el sufrimiento, pozos recién instalados facilitan el acceso al agua para miles de personas, rampas y sillas de ruedas hacen las comunidades accesibles a personas incapacitadas. El poder transformador de las pequeñas obras no debe de subestimarse. Dios utiliza el trabajo cuidadoso y eficaz de voluntarios para cambiar las vidas y las condiciones de las personas alrededor del mundo.

Las misiones con proyectos de trabajo cambian las vidas de los voluntarios. Ninguna persona que regresa de tales proyectos enfrenta la vida de la misma manera que lo hacía antes. Las experiencias interculturales y los compromisos genuinos con el pobre tienen el efecto de poner en perspectiva la cultura propia, la extravagancia, el consumismo, el materialismo y el despilfarro de la abundancia, y se llegan a percibir de manera diferente. Muchos pastores han discernido su llamado al ministerio a través de un compromiso activo con las personas en proyectos de servicio. Personas jubiladas han regresado y re-dedicado sus vidas tras un proyecto de VIM, y estudiantes universitarios han cambiado de carrera por el impacto de misiones cara a cara y mano a mano con otras culturas diferentes a las suyas. Recientemente, llevaba una camiseta con el logotipo "Iglesia Metodista de Honduras" cuando entré en una tienda de teléfonos celulares. El joven que estaba reparando mi teléfono vio la cami-seta, hizo una pausa, y levantó sus ojos como si estuviera mirando miles de millas en el horizonte, y dijo, "Yo he estado en Honduras con un equipo misionero de mi iglesia. Cambió mi vida". Después bajo su mirada y continuó trabajando en el teléfono. Dios utiliza los ministerios de proyectos misioneros para madurar y formar discípulos, y para prepararles para un servicio mayor.

Las iniciativas misioneras cambian a las iglesias. Aún incluso cuando sola-mente un porcentaje pequeño de miembros se sumergen en la misión y el ser-vicio de forma significativa, la textura de la vida de la iglesia cambia, y el lenguaje del culto y alcance a otras personas comienza a formar conversacio-nes y prioridades. Ministerios de misericordia y justicia comienzan a tomar raíz. La tolerancia aumenta, los programas para la juventud evolucionan más allá de fiestas, videos, viajes a la playa y parques de atracciones, y estos minis-terios se empiezan a centrar en el cambio de vidas y en ser causa de impacto por los propósitos Cristo. Este entrelazado de vidas que cruzan barreras cul-turales, clases, color, y edad enriquece genuinamente a las congregaciones, y hace que las historias de las Escrituras cobren vida dentro de una experiencia real. Dios fortalece al cuerpo de Cristo a través de la misión y el servicio, y Dios capacita al cuerpo de Cristo a través del testimonio.

2.

Las congregaciones que son vibrantes, con fruto y en crecimiento practican misión y servicio arriesgados. Misión y servicio arriesgados incluyen los pro-yectos, esfuerzos y el trabajo que las personas realizan para influir positiva-mente en otras para los propósitos de Cristo, lleguen o no a formar parte de la comunidad de fe. Algunas iglesias realizan esta práctica al enviar equipos de trabajo a Mozambique, Rusia, México, Honduras, u operan más cerca de casa en tareas de limpieza y reconstrucción después de desastres naturales. Para otras iglesia esta práctica incluye proyectos dentro de sus propias comunidades, como programas después de la escuela para niños y niñas marginados, ayudan en bancos de comidas y cocinas para alimentar al necesitado, en ministerios de testimonio que se centran en el desarrollo de normativas públicas. Para otras, incluye el ministerio con personas mayores en centros para jubilados, ministerio en las cárceles, cualquier esfuerzo que desafía y cambia sistemas injustos e inhumanos que afectan directamente al pobre.

Misión y servicio arriesgado son actividades fundamentales de la vida de la iglesia y tan críticas que la ausencia de su práctica en cualquiera de sus facetas resulta en el deterioro de la vitalidad de la iglesia y su habilidad de hacer discípulos de Jesucristo. Cuando las iglesias se centran en sus propias necesidades, utilizan todos sus recursos para su propia supervivencia y se preocupan solamente de sus miembros, su vitalidad espiritual decae. Cuando se ofrece la hospitalidad radical de Cristo, los miembros de la iglesia ponen a otras personas en contacto con la iglesia, a través de la adoración apasionada, Dios transforma a estas personas. Las personas crecen en la fe y amor a través del desarrollo intencional de la fe, y el proceso divino de formar discípulos continúa conforme las personas practican la compasión de Cristo con sus vecinos a través de misión y servicio arriesgados.

El servicio cristiano toma muchas formas. Mantener la iglesia viva y en el cumplimiento de su propósito requiere el servicio regular y activo de sus miembros y asistentes. El impulso voluntario, alentado por el espíritu de Dios en Cristo, produce en las personas el dar tiempo para asistir como ujieres, con el aparcamiento, con la recepción de personas, ayudar en la cocina, cantar en el coro, servir en las juntas de la iglesia y en los comités de planificación, con la visita a los enfermos en sus casas o en los hospitales, con la enseñanza en la escuela dominical, con el transporte para los jóvenes, para llevar regalos y literatura a los que visitan la iglesia por primera vez y asistir con la limpieza del edificio. Estos servicios tan básicos constituyen la sangre que fortalece a la congregación. La tarea de "perfeccionar a los santos para la obra del ministerio" (Efesios 4:12) viene a decir que las iglesias invitan, animan, preparan y cultivan tales servicios fundamentales para que el ministerio de Cristo prospere. Las operaciones y ministerio de una congregación requieren cooperación y espíritu de apoyo de quienes aman la iglesia y quieren que funcione de una manera homogénea y eficaz para cumplir su misión, y el fruto de su servicio incluye: tareas bien hechas, formación de la comunidad, conexión de unos con otros, aprender el significado de iglesia y cambiar las vidas de personas dentro y fuera de la congregación. Una iglesia sin un servicio generoso y anhelado por sus miembros nunca podrá practicar la hospitalidad radical, la adoración apasionada, el desarrollo intencional de la fe ni la generosidad extravagante pues éstas dependen del liderazgo, tiempo, esfuerzos, oraciones, sudor y lágrimas de los miembros y personas asociadas con la iglesia. El servicio básico edifica el cuerpo de Cristo y la responsabilidad recae sobre esos que aman a la iglesia y utilizan sus talentos y energía. Ponerse a disposición del propósito de edificar el cuerpo de Cristo impregna nuestra vida con propósito y nos conecta con otros. El servicio generoso y genuino impacta positiva y eficazmente.

La palabra *misión* lleva el servicio de la iglesia fuera de ésta. La misión recuerda a las congregaciones que la compasión de Cristo, su gracia, misericordia y su amor se extienden a todo el mundo, y estos frutos no se cultivan solamente dentro de las paredes de la iglesia o entre las personas del cuerpo de Cristo que atienden regularmente. La misión apunta a la influencia positiva en la vida de las personas fuera de ese círculo interno que es la iglesia. La misión esparce la fe ejemplificada en la compasión, misericordia y justicia de Cristo por el mundo. Para muchas iglesias, esta práctica involucra el alcance de sus comunidades estableciendo bancos de comida para servir a los sin techo, recoger ropa para el Ejército de Salvación, y otras organizaciones, y comida y fórmula infantil. La misión también conlleva la idea

---

"No son solamente tejados y pisos"

Una congregación predominantemente anglosajona anualmente organiza una jornada de tres días para proyectos de reparación y construcción en vecindarios pobres para construir rampas para sillas de ruedas, y reparar tejados, tuberías y pisos para personas que no tienen suficientes recursos. El trabajo se centra en un vecindario predominantemente hispano, y durante tres días las casas asignadas se convierten en lugares de trabajo con decenas de voluntarios que llegan en sus automóviles lujosos con una taza de café de Starbucks en la mano, con herramientas costosas, hablando por sus teléfonos móviles y escuchando música mientras trabajan. Los miembros del equipo notaron que las familias a las que estaban ayudando se retiraban cada vez más lejos de las zonas de trabajo y de los trabajadores. Se empezaron a preocupar de cómo estaban percibiendo esta situación las personas que vivían en esas casas.

Los que planearon el proyecto solicitaron ayuda de estudiantes de sociología hispana de una universidad cercana y los contrataron para hacer un seguimiento con las familias a las que habían ayudado los pasados años. Los estudiantes recopilaron sus herramientas de asesoramiento para evaluar cuáles habían sido las experiencias de las personas que habían recibido equide trabajo fuera de nuestro país, el apoyo de clínicas, escuelas o congregaciones hermanas en otras partes del mundo por medio de apoyo financiero u otros donativos. Casi todas las congregaciones apoyan u ofrecen algún tipo de misión, por medio de ayuda voluntaria y la generosidad financiera de los miembros, Escuelas Dominicales, organizaciones de mujeres o comités de misiones.

El servicio y las misiones, la disposición de uno mismo al esfuerzo deliberado para mejorar las condiciones de otros, están enraizados en más de tres mil años de tradición de fe. No hay propósito más central en la identidad de la fe y la misión de la iglesia que el de trasformar las vidas y condiciones de otras personas por medio de la disposición personal en el nombre de Dios. Casi todas las páginas de

pos de trabajo en sus vecindarios. Iniciaron sus entrevistas en español y sin estar presentes los miembros de la iglesia. Las familias compartieron que sintieron pérdida de control sobre sus casas, se sintieron avergonzados frente a sus vecinos por recibir ayuda de tanta gente, se sintieron rechazados en sus esfuerzos de asistir con las reparaciones, incómodos en cuanto a la limitación con el idioma. Apreciaron el trabajo realizado en sus casas, pero a menudo se sentían como si no existían cuando el equipo hablaba de ellos enfrente de ellos. Considerando estas respuestas, los líderes de la iglesia radicalmente rehicieron el programa y añadieron más sensibilidad y respeto por esas familias a las que servían, un compromiso más intencional y una mutua conversación mientras se lleva a cabo el proyecto en el idioma nativo. Incluso proyectos con las mejores intenciones pueden beneficiarse del análisis, ¿Cómo podemos mejorar? ¿Cómo podemos sustentar la buena voluntad y relaciones positivas al mismo tiempo que levantamos un edificio?

las Escrituras nos muestran a personas que sirvieron a Dios por medio de su servicio a otras.

Las Escrituras más antiguas plasman un énfasis constante en la justicia, compasión, respeto y amor por el prójimo. Los libros de la ley no sólo reprimen la violencia, el fraude, el hurto y el daño sino que además hacen un llamamiento a "amar a tu prójimo como a ti mismo" (Levítico 19:18). La Escritura sin separación vincula el amor a Dios con el amor al prójimo, y llama a las personas a la caridad, justicia y misericordia. Los Salmos revelan la naturaleza y la intención de Dios en pasajes repletos de recordatorios de que Dios es amante de la justicia (Salmo 99:4); de que Dios "ama la justicia y el derecho" (Salmo 33:5); de que el pueblo de Dios debe "hacer justicia al huérfano y al oprimido" (Salmo 10:18); y a "defender al débil y al huérfano" (Salmo 82:3). Este tema continúa en los escritos de los profetas, "él te ha declarado lo que es bueno, lo que pide Jehová de ti: solamente hacer justicia, amar misericordia y humillarte ante tu Dios" (Miqueas 6:8).

Jesús hace eco a esas palabras de los profetas y describe su propósito: "El Espíritu del Señor está sobre mí, por cuanto me ha ungido para dar buenas nuevas a los pobres; me ha enviado para sanar a los quebrantados de corazón, a pregonar libertad a los cautivos y vista a los ciegos, a poner en libertad a los oprimidos y a predicar el año agradable del Señor" (Lucas 4:18-19). Las historias, enseñanzas y parábolas de Jesús constantemente apuntan al amor de Dios hacia el pobre, el enfermo, el marginado y los más vulnerables dentro de la sociedad. Contra la resistencia de la *élite* religiosa y contrario al consejo de sus discípulos, Jesús levanta a la mujer encorvada un sábado, toca al impuro con poder de sanidad, levanta al paralítico de su cama, come con los recaudadores de impuesto en sus casas, y se arriesga a la violencia de la multitud al intervenir en favor de una mujer acusada de adulterio. Por medio de la enseñanza y la acción, nos muestra que la manera de hacer las cosas para Dios incluye la demostración del amor inesperado a quien menos lo espera. Las historias del buen samaritano, del padre arriesgándose a ser humillado por recibir a su hijo pródigo, de la persona rica que rechazó a Lázaro a la entrada de su casa –todas ellas muestran con consistencia cómo es Jesús; y a través de Jesús, podemos ver qué es lo que Dios quiere para nosotros.

Jesús nos dice que cada acto de compasión, se lo hacemos también a él. "Tuve hambre y me disteis de comer; tuve sed y me disteis de beber; fui forastero y me recogisteis; estuve desnudo y me vestisteis; enfermo y me visitasteis; en la cárcel y fuisteis a verme". Los discípulos no podían comprender de lo que estaba hablando hasta que Jesús les dijo, "De cierto os digo que en cuanto se lo hicisteis a uno de estos mis hermanos más pequeños, a mí lo hicisteis" (Mateo 25:31-46). Y Jesús les mostró a sus discípulos la postura que debían adoptar cuando les lavó los pies, la postura de un siervo. Hablando directamente del servicio, Jesús dijo: "El que quiera hacerse grande entre vosotros será vuestro servidor... el Hijo de Hombre, que no vino para ser servidor, sino para servir" (Mateo 20:26-28).

La vida de servicio fluye naturalmente y sin lugar a dudas de las enseñanzas de Jesucristo, no hay congregación o discípulo que pueda ignorar el don y la demanda directa del llamado de Dios a amar y servir a otros. Una iglesia que no sirve está muerta como árbol sin raíces ni fruto, sin nutrición ni propósito.

El servicio compasivo era característico de la iglesia primitiva donde se exhortó a los discípulos a ser "hacedores de la palabras y no tan solamente oidores" (Santiago 1:22). Oraban por los enfermos, visitaban a los encarcelados, y utilizaban sus recursos para suplementar las necesidades de los pobres.

Pablo admitía que la práctica central de la vida cristiana era el amor, "Si yo hablara lenguas humanas y angélicas, y no tengo amor, vengo a ser como metal que resuena o címbalo que retiñe. Y si tuviera profecía, y entendiera todos los misterios y todo conocimiento, y si tuviera toda la fe, de tal manera que trasladara los montes, y no tengo amor, nada soy" (1 Corintios 13:1-2). El amor, encarnado en los ministerios de compasión, misericordia y justicia, da testimonio del Cristo vivo.

3.

Si misión y servicio describen con propiedad los impulsos voluntarios y el alcance externo que caracteriza a tantas congregaciones, ¿por qué calificamos estos dos términos con el adjetivo *arriesgado*? Las congregaciones vibrantes, con fruto y en crecimiento van más allá del servicio común o los esfuerzos misioneros de cada día y ofrecen oportunidades extraordinarias de encuentro que cambian vidas en otras personas.

Los pasos arriesgados nos llevan hacia mayor incertidumbre, a una probabilidad mayor de incomodidad, resistencia o sacrificio. Las misiones y servicios arriesgados colocan a las personas en ministerios que les impulsan fuera de su zona de conformidad, les expande más allá de sus círculos de amistades y prácticas que rutinariamente definen sus compromisos de su fe. Dios utiliza tales ministerios para exponer a los miembros de la iglesia a otras personas, situaciones y necesidades que ordinariamente nunca enfrentaría y que les revela las cualidades espirituales y talentos prácticos que a parte de su intención deliberada de servir a Cristo, nunca hubieran de otra forma descubierto. Las enseñanzas y prácticas más conmovedoras de Jesús fueron demostraciones costosas de un amor inesperado que transformó vidas, familias, comunidades y últimamente al mundo.

Jesús dijo, "Si amáis a los que os aman, ¿qué mérito tenéis? También los pecadores aman a los que los aman. Y si hacéis bien a los que os hacen bien, ¿qué mérito tenéis? También los pecadores hacen lo mismo" (Lucas 6:32-33). Las personas aman naturalmente a esas personas que las aman. ¡Trataré bien a cualquier persona que tenga el buen gusto y sensatez de tratarme bien! Las personas instintivamente aman a sus familias, amistades, a esas que piensan y viven de la misma forma que ellas, a esas personas con las que naturalmente se asocian y congregan. Incluso los que no creen y los que no buscan a Cristo hacen lo mismo. La cohesión social de innumerables y buenas asociaciones políticas, clubes civiles, organizaciones profesionales, asociaciones de vecinos, uniones comerciales y clubes de campos confirman esta afirmación.

La exigencia del discipulado cristiano es amar a quienes no están en nuestros círculos, que no es fácil, común o aceptado. Amar a quienes no piensan de la misma forma que nosotros, y respetar, tener compasión y misericordia de esos que no conocemos y que no tienen la habilidad de responder recíprocamente —este es el amor que Cristo exige de nosotros. Jesús saltó la valla de las barreras sociales opresivas, se juntó con los que sufrían enfermedades atroces y estigmas sociales, ofreció esperanza a los que se encontraban en la más grave desesperación. Amó a los más desagradables y vulnerables, y ofreció la misma gracia inmérita a los grandes pecadores y a los más refinados santos sin acepción. Los indigentes vieron en Cristo el mismo amor que vieron los que prometían. Y Cristo invita a sus discípulos a seguirle en la manifestación de esta clase de amor.

"Amad, pues, a vuestros enemigos, haced bien, y prestad, no esperando de ello nada; y vuestra recompensa será grande, y seréis hijos del Altísimo, porque él es benigno para con los ingratos y malos. Sed, pues, misericordiosos, como también vuestro Padre es misericordioso" (Lucas 6:35-36).

Misión y servicio arriesgados involucran el trabajo que lleva al límite a las personas, que causa en ellas el hacer algo para bien de otras y que nunca hubieran considerado hacer fuera de esa relación con Cristo y su deseo por servirle. Por supuesto, miembros de la iglesia aman y sirven a otras personas cercanas en sus congregaciones y vecindarios, aún siendo el fruto de una inclinación natural o por su compromiso con Cristo. Sin embargo, es importante ir más allá de los círculos sociales y comunitarios, y considerar cómo quiere Cristo utilizar los dones, talentos y capacidades de una persona para mejorar el bienestar de otras personas más allá de este círculo interno.

¿Qué hemos hecho en los últimos seis meses para impactar positivamente las vidas de otras personas que no hubiéramos considerado alcanzar de no ser por nuestra relación con Cristo? La reflexión sobre esta pregunta nos lleva a otro nivel de entendimiento del discipulado cristiano, nos lleva más allá de nuestra zona de conformidad, y nos presiona a seguir a Cristo y a encuentros más aventurados con las personas. Conforme hacemos esto, el Espíritu de Dios nos cambia, cambia a otros y cambia nuestras iglesias. Esto es misión y servicio arriesgados.

Arriesgarse traslada nuestra atención a la realización de que muchos de nuestros ministerios son de naturaleza incierta e impredecible. No podemos saber si nuestros esfuerzos resultarán en el impacto que esperamos tener. La mayoría de nuestro arduo trabajo puede que resulte en un impacto poco visible, o puede dar la impresión de ser un fracaso. A veces las personas adictas al alcohol que ayudamos a través de un programa de rehabilitación caen de nuevo en su adicción, niños y niñas que removemos de hogares y condiciones violentas se dan a la fuga, casas que construimos son destruidas por el siguiente desastre natural, jóvenes con pocos medios que ayudamos con becas abandonan los estudios después de dos años, los ex-convictos que ayudamos regresan a la cárcel. Como las semillas que sembró el sembrador de la parábola de Jesús y cayeron sobre la piedra, fueron ahogadas por los espinos, se secan bajo el sol o las aves se las comen, así muchos de nuestro esfuerzos no resultan en fruto visible. Sin embargo, como promete la parábola de Jesús, conforme nos mantenemos fieles a la tarea, la cosecha se produce con resultados milagrosos. El ministerio de Cristo requiere nuestra disposición a arriesgarnos a fracasar.

Lucas tiene un pequeño negocio, además de una familia joven, y es un frecuente voluntario en las actividades de la iglesia. Lucas buscaba en oración la manera impactante en la que podía responder al llamado de Dios después de la experiencia espiritual que tuvo en un retiro del Caminata de Emaús. No se sintió llamado al ministerio ordenado, pero quería que su vida estuviera marcada por un mayor servicio a Cristo. Se juntó con un grupo de hombres que se reunían semanalmente para planear un ministerio a las cárceles, *kairos*, que ofrece apoyo espiritual a los encarcelados (kairosprisonministry.org). El grupo recibió permiso, firmaron los formularios pertinentes y se les permitió pasar 72 horas en una cárcel de máxima seguridad para delincuentes violentos. Lucas describe esta experiencia como una que cambió su vida, la de muchos convictos y la de los otros voluntarios. Su planteamiento honesto y conversación genuina, su respeto entrañable y preocupación activa rompieron barreras y establecieron relaciones que se mantendrían durante años. La esperanza renovada y el entendimiento profundo mutuo fueron milagrosos. "Estuve en la cárcel, y fuisteis a verme" (Mateo 25:36).

David, un pastor que ha servido en congregaciones y ministerios de extensión por años, después de estudio y oración, llegó a la conclusión de que la pena capital era contraria a las enseñanzas de Cristo. También era consciente de lo controvertida y poco popular que era su nueva perspectiva dentro de su propia comunidad. Las protestas públicas y las peticiones firmadas no se acomodaban a su estilo personal. En vez de intentar llegar a un consenso común en su propia iglesia a cerca de la pena capital (aunque enseñaba sin disculparse de lo que creía) y sentirse frustrado en cuanto a las intransigencias del sistema jurídico criminal y legislatura para que cambiaran, decidió hacer un compromiso propio. Pacientemente trató con la resistencia burocrática que le ofreció una cárcel cerca de su casa, y le dieron permiso para hacer visitas pastorales una vez cada dos semanas en una prisión con condenados a la pena de muerte. Cada dos semanas, se sometió a registros y completó formularios para poder pasar una hora en conversación, lectura y estudio de la Biblia y oración con un hombre condenado a la pena de muerte que ya no tenía más apelaciones, opciones ni esperanza como el mundo las entiende. David hacía esto consistentemente y sin publicidad y con gracia se adentraba en el mundo de otra persona radicalmente diferente a él para ofrecerle el ministerio de Cristo. Es un mundo que no hubiera conocido o considerado conocer de no ser por su relación con Cristo.

Después de mandar a sus hijos a la universidad, cuatro mujeres de una congregación en los suburbios decidieron ir más allá de su zona de comodidad con un espíritu de servicio voluntario. Recibieron instrucción durante una sesión para ser tutoras de lectura, se comunicaron con el pastor de una iglesia misionera en una zona de viviendas para personas de bajo nivel adquisitivo y alto abandono escolar y se presentaron a varios niños y niñas y sus madres que buscaban clases de lectura y de inglés. Cada viernes se reunieron durante cuatro horas para enseñar, escuchar, reír, llorar y vincularse con las vidas de personas que nunca hubieran conocido de otra manera. Se apoyaban unas a otras, trabajaron en equipo, hicieron contactos que llevaron a su propia congregación a un contacto mayor con la iglesia misionera, y sintieron cómo el Espíritu de Dios remodelaba sus percepciones en cuanto a la pobreza, raza e idiomas. Era un mundo que no hubieran considerado entrar de no ser por su relación con Cristo. Más tarde una de las mujeres dijo, "No quería hacerlo, pero Dios me empujó por esa puerta. Recibo más de lo que doy. No cambiaría estos momentos con estos jóvenes por nada en el mundo".

Hay abundantes historias de individuos que como respuesta al llamado enfrentan las necesidades humanas a través de misión y servicio arriesgados. Miles de feligreses siguen el sendero común marcado por nuestros ancestros y que se repite en cada generación. La historia de misión y servicio consiste en sucesivas excursiones desde el mismo punto de partida –sensibilidad a la necesidad humana, percepción del llamado de Dios ha actuar, sentimientos de desmerecimiento y ser inadecuados, respuesta valiente, utilización de los dones espirituales y recursos materiales, superación de obstáculos, apertura a la posibilidad de sufrimiento, hacer impacto, descubrimiento de significado y propósito, invitar a otros.

No todas las personas tienen los dones espirituales, el temperamento personal o la resistencia física para ir más allá de lo que es el servicio ordinario. No todas las personas se mueven en las líneas de batalla donde la iglesia se enfrenta a los desafíos más intransigentes y difíciles de la sociedad. No hay nada malo en ello. En el cuerpo de Cristo hay muchos miembros, "pero no todos los miembros tienen la misma función" (Romanos 12:4). Esas personas que con valentía y fidelidad realizan ministerios audaces a favor de la iglesia requieren el apoyo y ánimo de muchos miembros. Para Lucas el tener éxito en el ministerio en las prisiones requería apoyo financiero, las habilidades culinarias de un gran equipo, el deseo de las personas de apoyar su iniciativa con materiales impresos, y las habilidades hospedadoras de muchos otros voluntarios durante los preparativos del equipo. Esta experiencia será la semilla para el compromiso de una iglesia grande. El pastor David se beneficia del ministerio de oración que ofrece su grupo de pacto y clase de la escuela dominical. Y meses antes de que esas mujeres comenzaran sus grupos de lectura, se hicieron planes para que otros voluntarios trabajaran con los miembros de la iglesia de misión para ofrecer un programa de Escuela Bíblica de Vacaciones. Decenas de personas sirvieron en la preparación de comidas, refrescos, música, transporte y enseñanza.

El filo cortante de un ministerio nuevo y audaz comienza, a menudo, con el liderazgo de unos pocos, que ponen a otros en funciones de apoyo y con esto animan a toda la congregación. Las congregaciones vibrantes, con fruto y en crecimiento animan, apoyan e inspiran lo imaginativo y lo aventurado en sus obligaciones con los sufrimientos del mundo, y entonces cultivan los sistemas de apoyo que asisten a más personas en la utilización de sus talentos y recursos para hacer lo inesperado. Tales congregaciones ofrecen ministerios de misión y servicio arriesgados que acogen, involucran y moldean las motivaciones altruistas y de darse a sí mismo y de sus miembros, y sostienen suficientes ministerios que cambian vidas en la comunidad o en el mundo.

Nunca hay que subestimar el enorme impacto que una iglesia puede tener, incluso si solamente un porcentaje pequeño de sus miembros trabaja en las líneas de batalla, arriesgándose en su servicio. Incluso los proyectos mayores comienzan con el llamado de Dios a una o dos personas a hacer algo extremo.

La Iniciativa Mozambique de la Iglesia Metodista Unida consta de la alianza de más de 300 congregaciones en los EE. UU. con más de 170 congregaciones en Mozambique, y aporta becas para estudiantes de seminario, cava pozos de agua que salvan vidas en áreas remotas de Mozambique, proporciona apoyo para las pensiones de los pastores africanos jubilados, y une espiritualmente dos áreas del globo distantes a través de la oración mutua, proyectos VIM, programas de intercambio y visitas a estudiantes. Esta iniciativa comenzó con la visión de dos obispos de la Iglesia Metodista, Ann Sherer y João Machado. Los frutos son múltiples y aumentan cada año (MozambiqueInitiative.org).

El proyecto PET (Personal Energy Transportation) hace uso del trabajo de cientos de voluntarios (la mayoría jubilados) en diez lugares de ensamblaje en diferentes partes de los EE. UU. para construir sillas de ruedas, esfuerzo que proporciona el don de movilidad a más de 2.000 personas en sesenta países cada año. Estas sillas se ensamblan y envían a personas con la mayor necesidad y menos recursos a través del mundo. Dios utiliza los dones y talentos de ingenieros, mecánicos, carpinteros aficionados, proveedores de finanzas y voluntarios para las oficinas que dramáticamente cambian las vidas de personas alrededor del mundo. PET comenzó con la visión y energía de un pastor jubilado de la Iglesia Metodista, Mel West, que sintió el llamado de Dios a ayudar a las víctimas de las minas y del polio en países en vías de desarrollo (giftofmobility.org).

Fe personal y política pública

Años de predicación, enseñanza del estudio bíblico Discipulado, y de trabajo para mejorar la vida de las personas convencieron al Rdo. Steve Copley, pastor de la First United Methodist Church, en North Little Rock, Arkansas, que la iglesia debería ser más activa a la hora de moldear la política pública. Él con su iglesia encabezaron una campaña conjunta con otras congregaciones y comuniones de fe para subir el salario mínimo en Arkansas y así ayudar a los trabajadores con posiciones a tiempo completo que, sin embargo, vivían en la pobreza. La raíz de la campaña "Aumentar el salario de los trabajadores en Arkansas" culminó en el voto casi unánime del cuerpo legislativo del estado que resultó en un aumento de $1.10 por hora. Para Copley y su congregación esta situación era un asunto de justicia social que requería una respuesta del pueblo de fe.

El Rainbow Network recauda cerca de 2 millones de dólares anualmente para proporcionar cuidado médico, educación, vivienda, programas de nutrición y desarrollo de pequeñas empresas en zonas rurales remotas en Nicaragua. Esta iniciativa celebró recientemente su décimo aniversario en su tarea por reducir el sufrimiento y la pobreza por medio de apoyo de asociaciones cristianas. El ministerio sobrevive por la generosidad y apoyo de cientos de congregaciones, benefactores individuales y voluntarios. Rainbow Network comenzó con la visión de un laico de la Iglesia Metodista, Keith Jaspers, que sintió el llamado de Dios a utilizar sus talentos organizativos, perspicacia en los negocios y su amor por las personas que ayudan a servir al desamparado (rainbownetwork.org).

Estos tres proyectos tremendos se desarrollaron gracias a los pequeños pasos que inicialmente tomaron personas abiertas al llamado de Dios. Se arriesgaron al fracaso, resistencia e incertidumbre al enfrentar la necesidad humana real e invitar a otros a seguirles. Los ministerios de misión y servicio audaces y arriesgados no solamente se inician gracias a individuos, también en clases, comités, estudios bíblicos, organizaciones de mujeres y congregaciones. Hay un sin número de refugios para mujeres de la comunidad establecidos desde hace tiempo, centros de alfabetización, clínicas de familias, centros de crisis, escuelas, orfanatos y hospitales que fueron posibles porque una clase de la escuela dominical invitó a un orador que impactó el corazón de unos pocos. Estos sintieron el llamado de Dios y se pusieron manos a la obra, invitaron a otros a unirse a ellos y a apoyar la iniciativa, colaboraron con otros líderes de iglesias y comunidades, y formaron una agencia comunitaria que tocó las vidas de miles. Incluso los ministerios comunitarios más audaces y robustos comenzaron siendo iniciativas pequeñas, con un grupo comprometido de creyentes común y corrientes como los que adoran y estudian la Palabra con nosotros cada semana.

Cristo trae a personas a las vidas de otras donde nunca hubiesen ido por sí mismas. Una congregación envió equipos, uno o dos al año, para limpiar iglesias y casas después de tornados y huracanes. Conforme los equipo sentían más confianza, desarrollaron más habilidades, recibieron más entrenamiento y cultivaron mejor liderazgo, uno de los equipos hizo la solicitud para ser un equipo de Primera Respuesta y se les otorgó la certificación. Ahora no solamente están preparados para hacer las tareas de limpieza después de un desastre natural, también lo están para llegar lo antes posible y proporcionar las ayudas inmediatas esenciales como comida, agua, alojamiento y apoyo emocional. Su empeño ha bendecido incontables familias. Durante cada viaje misionero, la congregación los envuelve con oraciones y los apoya financieramente para conseguir equipo, hacer el viaje y sus gastos en este ministerio de extensión. Los voluntarios entrenados no son personal médico que responden en situaciones de emergencia (EMS) ni bomberos, son maestros, oficinistas, amas de casa, profesionales y jubilados que han permitido que Cristo le sacara de su comodidad y les pusiera frente al sufrimiento y la necesidad humana.

Una pequeña iglesia en un área rural con una asistencia media de poco más de treinta personas recibió la visita un domingo de una madre con un hijo pequeño con necesidades especiales. El hijo requería cuidado médico y supervisión casi las veinticuatro horas del día. Al principio algunos miembros de la congregación se desconectaron viendo la profunda y dramática necesidad de la familia y estaban perturbados por la atención que atraía la familia. Lentamente los miembros de la iglesia comenzaron a ver en la presencia de esta familia un llamado distintivo de Dios a ayudar. Poco después la congregación les "adoptó" en su vida, y miembros adultos recibieron entrenamiento en cómo cuidar al hijo para dar descanso ocasional a la madre para que recuperara sus fuerzas. Los pocos niños de la iglesia se hicieron amigos de los nuevos miembros, y los hombres aliviaron los problemas de accesibilidad de la casa de la familia adoptada. Estas acciones cambiaron la vida de la madre y también transformaron la vida de la congregación. Siendo consistente con la misteriosa economía de Dios, por cada resultado que uno espera de una acción, se producen otros veinte que uno no esperaba. La asistencia a los cultos comenzó a aumentar, el espíritu de la congregación se hizo más positivo, y otras familias con hijos pequeños comenzaron a atender. Las congregaciones que se arriesgan en su amor y compasión hacia unas pocas personas producen cambios monumentales dentro de los propósitos de Cristo.

La pastora de una congregación de tamaño medio notó que a pesar del ávido apoyo de las misiones arriesgadas muchos de sus más apasionados e imaginativos proponentes de tales proyectos desaparecían a la hora de involucrarse con la iglesia. Reunió a unos pocos líderes de la iglesia y estudiaron cómo era que ideas de nuevos ministerios llegaban a la iglesia y se aceptaban como programas de la iglesia. Típicamente el proceso comenzaba con una o dos personas entusiasmadas y llenas de energía, que sentían el llamado a responder a una necesidad en particular. Cuando compartieron sus ideas con otros se les mandó al Comité de Misiones, que se reunía tres o cuatro veces al año. Esto significaba que podían pasar dos meses antes de que se diera consideración a esas ideas. Las responsabilidades del Comité de Misiones incluían las de recomendar ofrendas especiales (como para víctimas de desastres naturales, etc.) a la Junta Administrativa, y coordinar la recogida de cestas de comida en el Día de Acción de Gracias y el banco de ropa para el invierno. La mayoría en el comité había estado sirviendo años, tenían poca energía para realizar ellos mismos proyectos que requerían acción, y simplemente hacían lo que se les pedía hacer: ayudar con la ofrendas especiales, cestas de comida y los abrigos para el invierno. Cuando se les presentaba una nueva idea, la discutían, y concluían que no había suficiente dinero en el presupuesto para realizarla. Miraron alrededor de la sala para ver si alguna persona del comité se interesaba en la idea propuesta, pero no surgía el entusiasmo en ninguna. Semanas más tarde presentaban un informe a la Junta Administrativa con las decisiones adoptadas, donde ocurría un tanto de lo mismo, donde ninguno de los miembros con derecho a voto tomaba interés. Pasaban cuatro meses antes de que se enterrara un proyecto, y para entonces incluso los que habían presentado la idea habían perdido el interés. La pastora y los líderes de la iglesia se dieron cuenta que las respuesta y discusiones tomaban demasiado tiempo, y que las personas con más entusiasmo y con ganas de realizar proyectos nuevos no eran las que tomaban las decisiones en esos comités. Por lo tanto idearon un nuevo plan.

Algunos meses más tarde, después de que un huracán pasara por uno de los estados vecinos, dos miembros se acercaron a los líderes de la iglesia con la idea de formar un equipo de voluntarios, entrenarlos e ir a ese estado por una semana para hacer tareas de limpieza y asistir en la reparación de casa e iglesias. La idea era ambiciosa, costosa y poco probable de ser emprendida por la iglesia. Sin embargo, en vez de esperar hasta la próxima reunión del Comité de Misiones, la pastora y los dos miembros que habían sido inspirados con la idea pensaron en las personas que estarían más interesadas en este proyecto y esas más preparadas. Invitaron personalmente a siete personas para orar y discutir el asunto, y además anunciaron la reunión en el boletín por si había más personas interesadas en el proyecto. La reunión atrajo a unas veinte personas. Las dos personas que iniciaron la idea se prepararon de antemano antes de la reunión. Habían contactado su oficina denominacional de ministerios voluntarios para adquirir información en cómo coordinar con otras congregaciones y cómo trabajar en cooperación con otras iglesias locales en la zona afectada. Compartieron la información con el grupo reunido. Porque la reunión costaba de esas personas deseosas de hacer algo, estos dos hallaron confirmación y fortaleza, y ánimo de otros que también sintieron el llamado a esta tarea. Se pusieron de acuerdo a no solicitar los fondos del Comité Administrativo para no tocar el presupuesto de la iglesia. En vez, solicitaron permiso para recaudar los fondos a través de ofrendas especiales, clases de la escuela dominical e individuos con el deseo de ayudar. Cerraron la reunión con oración y planearon reunirse de nuevo la semana siguiente. Paso por paso solventaron todos los detalles. Para cuando presentaron el proyecto al Comité de Misiones y a la Junta Administrativa, tenía planeado el proyecto, un equipo de doce voluntarios que recibirían apoyo de números voluntarios auxiliares que asistiría con comida, materiales y comunicación, y presentaron su presupuesto completamente cubierto con los donativos, ofrendas y compromisos económicos aparte del presupuesto de la iglesia. El Comité de Misiones alegremente apoyó el proyecto y la Junta con entusiasmo bendijo y aprobó el proyecto. Con esto comenzó una nueva era en las misiones de acción en esa iglesia, y un nuevo estilo de iniciar un nuevo ministerio.

¿Qué aprendieron la pastora y los líderes de la iglesia con esta experiencia? Primeramente, las congregaciones deben permitir que quienes tienen la energía e interés en nuevos proyectos tomen la iniciativa. Deben reducir los niveles burocráticos y organizacionales de informar y buscar permiso, especialmente de esos que no están especialmente interesados en la iniciativa ni de ofrecerse como voluntarios. El liderazgo, la visión, la planificación, la solicitud de ayuda y la participación deben venir de quienes sienten el llamado y tienen el deseo. El cultivo de un ambiente en el que se pide permiso en vez de uno en el que se busca apoyo en una congregación tienes grandes repercusiones, no solamente en la planificación de misiones, sino también en el comienzo de nuevos estudios bíblicos, grupos de apoyo y otros ministerios. Lyne Schaller observó que a la hora de iniciar nuevos ministerios, la iglesia debería solamente "contar los votos positivos". De esta forma, no se permite que quienes no tienen interés en la nueva tarea frenen a esos que tienen la energía y la inspiración para llevar a cabo el proyecto por el hecho de que todos y cada uno deban asistir y apoyar un proyecto para que sea eficaz y cambiador de vidas. Y en segundo lugar, los líderes de la congregación aprendieron que deben actuar con rapidez en respuesta a necesidades humanas serias para canalizar y cultivar los impulsos caritativos de los miembros. Estructuras que tardan en dar apoyo matan el entusiasmo.

4.

¿Cómo cultivamos la práctica de misión y servicio arriesgados más allá de lo normal y el servicio y la misión necesarios que caracterizan a muchas de las congregaciones?

Las iglesias que practican misión y servicio arriesgados no solamente levantan fondos para apoyar tareas y proyectos internacionales y comunitarios, también organizan equipos, solicitan y entrenan voluntarios, y envían a personas para trabajar directamente en esos ministerios. Valoran el contacto, el compromiso, las relaciones a largo plazo, y miden el impacto de su trabajo en forma de vidas cambiadas en vez de en cantidades de dinero designadas o edificios construidos. No se para en la simple lectura en cuanto a la iglesia global, sino que globalizan sus propios ministerios y forman asociaciones con iglesias hermanas, apoyan los intercambios internacionales de estudiantes y comparten oraciones comunes. Proporcionan a las personas multitud de oportunidades para servir de manera significativa.

Tales congregaciones andan la segunda milla y se esfuerzan extraordinariamente para asegurarse que las personas a las que sirven se sienten respetadas, confirmadas, con confianza y bendecidas, y no dependientes, desamparadas o en deuda. Ellas realizan la *misión con* las personas de otras culturas y no la *misión hacia* éstas; no perciben el servicio como una vía monodireccional, como si sus miembros fueran los poseedores de toda respuesta y todo recurso en ayuda de personas que no tienen nada. Estas iglesias agudizan su sensibilidad a las desigualdades de poder y riqueza, e inician asociaciones y ministerios mutuos en los cuales aprenden tanto como enseñan, reciben tanto como dan, y crecen en Cristo conforme comparten la compasión de Cristo. Practican la humildad y cultivan el fruto del Espíritu en sus tareas conjuntas y sus contactos con esas personas a las que sirven. No esperan nada de vuelta, y no ansían el reconocimiento público ni miden su impacto en forma de gratitud expresada por las personas a quienes ayudan. Los individuos toman el lugar prioritario, y el amor de Cristo hacia ellos les une unos con otros, y en el cumplimiento de su tarea.

Las iglesias moldeadas por misión y servicio arriesgados no sólo solicitan y animan el servicio común para el apoyo de la tarea de la congregación –al invitar, equipar, organizar y animar— además, conscientemente, animan a las personas a tomar un servicio más extraordinario. Constantemente elevan a estas personas como ejemplo en predicaciones y en la enseñanza y apoyan a esas que están en la vanguardia del servicio con oración, fondos y apreciación. No permiten que el temor a la controversia o a la resistencia con la congregación se interponga en su apoyo a los ministerios de compasión realizados por miembros que han recibido el llamado a tales tareas. No critican, auto-justifican ni menosprecian a esos miembros que no pueden o no quieren operar en las líneas de batalla más allá de lo que es confortable para ellos. Por otro lado, buscan maneras en las que todos ejerzan un papel de apoyo a tales ministerios. El espíritu de la misión les

> **"La iglesia como catalizadora de cambio en la comunidad"**
>
> Pocas iglesias urbanas han tenido más impacto en sus ciudades como St. James United Methodist Church en Kansas City. Bajo el liderazgo del Rdo. Emanuel Cleaver por más de veinte años, esta congregación predominantemente afroamericana ha reformado las leyes de la ciudad y sus prácticas en el área de vivienda, educación y empleo y se ha convertido en centro de desarrollo de liderazgo en los asuntos comunitarios. La iglesia no solamente se destaca en su abogacía y compromiso comunitario, sino que ofrece una hospitalidad extraordinaria a sus visitas, sale fuera para invitar a las personas a la iglesia y proporciona adoración y música de alta calidad, auténtica y atractiva. Una de las personas exclamó "nunca he visto a una congregación causar tanto impacto no sólo en la vida espiritual de las personas, sino también en la calidad de vida de la comunidad". Es difícil concebir lo diferente que sería Kansas City si St. James hubiera decidido simplemente hacerse cargo de su iglesia, mantenerse en una posición cómoda y nunca se hubiera arriesgado a iniciar cambios comunitarios y políticos.

une en lugar de dividirles. No procuran que todos sean cortados con el mismo patrón, y ofrecen oportunidades de misión y servicio en diferentes niveles para que se involucren y en diferentes niveles de complejidad que se apropian a los talentos, habilidades e intereses de una gran variedad de personas. No promueven solamente los ministerios más visibles o de intensidad especial, sino que además proporcionan oportunidades a esas personas que solamente pueden dedicar unas pocas horas de la semana a servir. Valoran a la persona que se mantiene en lo alto del tejado del proyecto misionero tanto como a la persona que mantiene correspondencia con el poder legislativo desde su casa, ya que tiene en cuenta que cada una sirve en la manera que puede. Siempre hay una oportunidad para la persona que expresa su disposición a ayudar.

La iglesias que invierten en misión y servicio arriesgados no solamente apoyan el trabajo de sus miembros que se prestan voluntarios a los proyectos que la iglesia patrocina, sino que también animan, celebran y aprecian el servicio de sus miembros a través de agencias comunitarias, organizaciones cívicas, trabajo voluntario en hospitales, clínicas, escuelas, centros de rehabilitación y cortes que trabajan con personas en libertad condicional. "Las oraciones, presencia, donativos y servicio" se incluyen en el servicio que los miembros realizan de acuerdo con el propósito de Cristo en la comunidad como representantes de la congregación.

Para iglesias con una cultura de misión y servicio arriesgados ayudar a las personas en el nombre de Cristo no es solamente una prerrogativa de adultos; es un aspecto esencial en la formación de la infancia y la juventud. Todo ministerio de niños y niñas y de jóvenes —escuela dominical, entre semana, domingo por la tarde, Escuela Bíblica de Vacaciones, retiros y campamentos— incluyen enseñanza y componentes experimentales que extienden la compasión más allá de los muros de la iglesia. Los ministerios de jóvenes practican servicios apropiados para sus edades en los que se involucran en persona en centros de ancianos y centros de servicios sociales. Invitan a sus reuniones personal médico, maestros y maestras, y miembros de proyectos que han regresado de ayudar en proyectos internacionales para que presenten programas para la juventud que vivifique su interés en la familia global. También preparan y apoyan proyectos para que estudiantes adolescentes se involucren y que son apropiados para sus edades en proyectos cerca de casa y también, a veces, lejos de casa. Estos proyecto de fe durante la infancia construyen rutas que se trasforman en compromisos para toda la vida. Las iglesias con grupos de jóvenes reducidos colaboran con otras congregaciones para ofrecer oportunidades de servicio de alta calidad y experiencias intercultura-les que asisten a personas, remodelan actitudes y crean buenos recuerdos.

Las iglesias que practican misión y servicio arriesgados no solamente ofre-cen sus propios proyectos y programas que sus propios miembros organizan, sino que colaboran también con otras iglesias, denominaciones, organizacio-nes cívicas, agencias sociales y grupos sin afán lucrativo. Entrelazan los inte-reses sociales de la iglesia con las redes de servicios de la comunidad. Se asocian con compañías en el sector privado para la provisión de mayores recursos que traten necesidades humanas específicas, y para enseñar y rediri-gir las prioridades de la comunidad. Comparten voluntariamente las respon-sabilidades y el crédito en tanto que la calidad, integridad y eficacia se preservan. Las iglesias pequeñas pueden colaborar con otras iglesias para for-mar equipos de trabajo, combinando los esfuerzos para alcanzar juntos lo que no podrían hacer por separado.

Las iglesias que cultivan misión y servicio arriesgados no solamente animan a los miembros a ofrecerse como voluntarios para sus proyectos, también invitan y acogen la ayuda de las personas nuevas en la iglesia, a los visitantes y a los que no atienden a las iglesias para que tengan un impacto en la vida de otros. Los proyectos de servicio se convierten en puntos de entrada a la iglesia y a la vida en Cristo. Hay muchas personas sin afiliación religiosa y sin iglesia que quieren ayudar a cambiar las cosas, que anhelan hacer algo para mejorar las condiciones de vida de otras y desean hacer del mundo un mejor lugar al aliviar el sufrimiento, reducir la pobreza y luchar en contra de la injusticia. A menudo, estas personas tienen la idea que la iglesia sólo se inte-resa por sí misma, que es ensimismada o hipócrita. Especialmente las perso-nas jóvenes buscan maneras de canalizar sus impulsos altruistas en forma de servicio directo y en persona y que realmente producen cambio y resultados. El servicio no es meramente para los de dentro o los miembros veteranos; es la manera en la que Dios moldea la fe y une a las personas en el cuerpo de Cristo.

Las congregaciones que valoran misión y servicio arriesgados dinamizan el proceso por el que los diversos ministerios se aprueban, se apoyan y se com-pletan. Reemplazan protocolos organizacionales largos y rígidos que estran-gulan la pasión y tornan la iglesia hacia dentro con un ambiente organizacional de otorgar permiso que es ágil, rápido a la hora de reclutar y responder, y que capacita a esas personas que apasionadamente quieren hacer algo. Continúan con proyectos anuales y en curso que están funcionando, y se esfuerzan en crear oportunidades y canales adicionales de servicio para que el ministerio de la iglesia se mantenga fresco, nuevo y relevante a las necesidades cambiantes de la comunidad y del mundo.

Las congregaciones que practican misión y servicio arriesgados son conscientes de que mientras que alimentar a una persona a la vez, construir casa por casa, sanar una enfermedad al tiempo y dar consejo a un prisionero al mismo tiempo es vitalmente importante. La iglesia es también responsable de proveer testimonio a un cambio social más amplio. Por esto, atienden a la exposición de políticas legislativas, cambios en el presupuesto público, propuestas legales y prácticas de negocios en vistas a proteger al más vulnerable en la sociedad. Recuerdan la compasión particular de Jesús por el pobre y el impotente y abogan por políticas que mejoren las vidas y las condiciones de las personas que sufren al margen de la sociedad. Incluso con el riesgo de recibir desaprobación, se movilizan en contra del racismo, la injusticia y el abuso, y se esfuerzan y oran por la paz. Ayudan a los miembros de sus congregaciones a mantenerse informados en cuanto a los asuntos que afectan a otras personas y les alientan a la participación cívica y política. El testimonio arriesgado es una de las herramientas que utiliza Dios para cambiar vidas, comunidades y naciones.

¿Qué es lo opuesto a arriesgarse? Seguridad. Predictabilidad. Comodidad. Certidumbre. Conveniencia. Temor. Estas palabras no se usan cuando se define

---

"Ésta es la clase de iglesia a la que queremos pertenecer"

A la Iglesia Metodista Unida de Saint James, una zona rural en Missouri, venía una pareja que seguía visitando la iglesia por varios meses. Cuando el pastor les invitó a formar parte de la membresía, le respondieron que todavía no estaban listos para tomar este paso. Preferían visitar cuando querían. En septiembre del 2006, un tornado cruzó esa pequeña comunidad y destruyó varias casas y negocios. La Iglesia Metodista Unida inmediatamente se movilizó para responder, la pequeña iglesia se convirtió en la central de la Cruz Roja, y ayudaron a buscar refugio a las personas afectadas, proveer comida y alojamiento a los voluntarios y servicios de emergencias, administraron los recursos que recibían de otras iglesias metodistas para asistir en esta situación.

El domingo siguiente al tornado, la pareja que había estado visitando se adelantó al púlpito y se unieron como miembros a la iglesia, y dijeron al pastor, "Cuando vimos como la iglesia respondió frente a las víctimas del tornado, supimos que es la clase de iglesia a la que queremos pertenecer". Aún cuando la meta de misión y servicio arriesgados no es el aumentar la membresía, frecuentemente es uno de los frutos. Las personas quieren ser parte de iglesias que realmente impactan en las vidas de las personas.

el ministerio de Jesucristo, quien dijo, "todo el que quiera salvar su vida la perderá; y todo el que pierda su vida por causa de mí, este la salvará" (Lucas 9:24). La práctica de misión y servicio arriesgados nos recuerda que las congregaciones no son un fin en sí mismas; son recursos que Dios utiliza para cambiar vidas y transformar el mundo.

Dios coloca las congregaciones en un mundo inquieto y con muchos desafíos. Las escuelas pasan dificultades a la hora de proporcionar una educación básica, y muchos niños y niñas son desatendidos. Los sistemas de justicia criminal están superpopulados y hacen poco para restaurar a las personas a la participación funcional y positiva en la sociedad. Los servicios médicos están sobrecargados e incapacitados para servir en las necesidades no provistas, especialmente de los pobres, las personas sin seguros médicos y los desempleados. Los temores se intensifican con los asuntos de inmigración y las amenazas medioambientales. Las drogas, el abuso del alcohol, adiciones a juegos de azar, la violencia en las familias y la pobreza no aliviada roban la esperanza de las personas. Una gran mayoría de las personas con las que compartimos este mundo viven con una incertidumbre increíble por causa de la pobreza, el hambre, la enfermedad o las guerras.

Como seguidores de Cristo, no podemos vivir ignorando todo esto. Cristo nos acerca al sufrimiento, no nos aleja de él. No podemos pasar desapercibidos el sufrimiento obvio, ignorándolo o negándolo como aquellas personas que precedieron al samaritano en el camino a Jericó. No podemos gemir para que alguien haga algo. No podemos simplemente incluir en nuestras oraciones a aquellos que sufren y pedir a Dios que haga algo en lugar nuestro, que haga lo que hemos sido creados para hacer en lugar de Dios.

Las iglesias que practican misión y servicio arriesgados no se sienten satisfechas y se ofenden (¡en el nombre de Cristo!) con el abuso de niños y niñas, el sufrimiento de los inocentes, la opresión del pobre, los recurrentes ciclos de la adición, violencia e injusticia que las rodea. Han escuchado en la necesidad humana de su prójimo el llamado distintivo de Dios. Contra toda probabilidad, han hallado una respuesta y se ofrecen a sí mismas con fidelidad y honestidad pues aceptan el coste que les supone. Dios las utiliza para transformar el mundo.

Las congregaciones hacen discípulos de Cristo cuando con gracia invitan a las personas y las reciben con hospitalidad radical para que Dios pueda moldear sus vidas a través de la adoración apasionada y madurar su fe a través del desarrollo intencional de la fe. Las congregaciones disciernen el llamado de Dios a transformar el mundo con la compasión de Cristo por medio de misión y servicio arriesgados. Para sustentar estos procesos fundamentales, para que el cuerpo de Cristo prospere en esta generación y en el futuro, se requiere la generosidad extravagante de los discípulos de Cristo, y es a esta práctica a la que ahora nos dirigimos.

Preguntas para la conversación:

- ¿Qué ministerios de alcance en su iglesia sacan a las personas de sus zonas de comodidad para poder impactar realmente en la vida de otras? ¿Cuáles son los ministerios que requieren involucrarse personalmente, o hacerle frente cara a cara a las necesidades de las personas que los miembros de su congregación podrían llegar a no conocer?

- ¿De qué maneras ha cambiado su iglesia una iniciativa misionera o un ministerio de alcance? ¿Cómo ha cambiado su vida un proyecto de servicio? ¿Cuál es el lugar más inesperado que su fe en Cristo le ha llevado para poder impactar la vida de otra persona?

- Haga una lista de los programas de alcance de su iglesia que causan más impacto en la vida de las personas de su comunidad y que no son parte de la iglesia que atiende. ¿Cómo cree que esas personas de su comunidad con menos poder perciben su congregación –los pobres, los desempleados, los hambrientos, los sin techo, los que sufren abuso, los adictos, los inmigrantes, las víctimas de la violencia?

CAPÍTULO QUINTO

LA PRÁCTICA DE LA GENEROSIDAD EXTRAVAGANTE

"Para que seáis ricos en todo para toda generosidad..." (2 Corintios 9:11)

1.

"Me sentiría mejor si pudiéramos repasarlo una vez más", le dijo Matt a su esposa, Keri, cuando preparaban juntos su charla para el culto de consagración. Antes de practicar la presentación una vez más, se hallaron rememorando los años anteriores y su increíble peregrinaje en la fe que les había traído a este punto. La mañana siguiente compartirían su historia en cuanto a su andar hacia el diezmo. Pocos años atrás no hubieran ni imaginado hacer algo semejante.

Matt y Keri se criaron en familias metodistas unidas. Asistieron al grupo de jóvenes y a la escuela dominical, fueron menos activos durante sus años de universidad, pero, después de conocerse, contraer matrimonio y establecerse en la comunidad, se involucraron con la iglesia una vez más. Ahora están en sus treintas y con dos hijos. Ambos gozan de una vida profesional con sueldos moderadamente altos, aún cuando Keri trabaja a tiempo parcial mientras sus hijos son pequeños. Viven un estilo de vida normal para una familia de los suburbios –hipoteca, dos coches y guardería para los niños.

Matt y Keri han asistido al estudio bíblico DISCIPULADO juntos. Esta experiencia alimentó su deseo de indagar aún más en su fe y ofrecer más ayuda en los ministerios de la iglesia. Ayudaron a establecer una nueva clase de escuela dominical para personas de su misma edad, haciéndose cargo de la hospitalidad inicial. También ayudaron con los ministerios para niños, proyecto de misión e incontables eventos de comunión. Aman a su iglesia. La mayoría de sus amistades más cercanas se han desarrollado a través de sus actividades en la iglesia.

Hace cinco años, cuando la iglesia se preparaba para el culto de consagración, el pastor extendió una invitación a Matt y Keri para que prepararan un corto devocional para el boletín de la iglesia en cuanto a ofrendar. El Domingo de Consagración es cuando la iglesia acentúa y habla en cuanto a la ofrenda y diezmo, sucede en el otoño y culmina con los compromisos financieros para apoyar los ministerios de la iglesia el año siguiente. Esta invitación les incitó a pensar a cerca de sus propias ofrendas. Se sentían a gusto con la cantidad que daban anualmente y creían que daban generosamente, más que muchas otras parejas de su propia edad. El Domingo de Consagración acentúa el dar proporcionalmente con la meta última del diezmo. Cuando hicieron los cálculos se dieron cuenta que estaban dando menos del dos por ciento de sus ingresos anuales a los ministerios de Dios a través de la iglesia. Con esto en mente, comenzaron a explorar la práctica del diezmo con mayor interés.

Aún cuando estudiaron con reverencia las raíces bíblicas que apoyaban el diezmo, el dar el diez por ciento parecía una expectativa demasiado alta. Tenían que pagar una hipoteca, los dos coches, poner dinero a parte para los estudios de los niños y hacer las aportaciones necesarias para sus planes de jubilación. No les sobraba dinero al final del mes. ¿Cómo iban a pensar en el diezmo?

Matt y Keri basaron su devocional en sus reflexiones a cerca de la historia de Jesús de la viuda que echó dos monedas en el arca de las ofrendas. La viuda había ofrendado más que las otras personas porque ella había dado de su pobreza. Describieron cómo, tanto ellos como el resto de los miembros de la iglesia, daban de su abundancia y no de su pobreza, y desafiaron a otros a dar más. También ellos decidieron incrementar sus ofrendas otro tanto por ciento de sus ingresos, y decidieron seguir incrementando ese porcentaje cada año hasta que alcanzaran el diezmo. Ofrendar un cuatro por ciento conlleva un replanteamiento de los hábitos de gastos. Analizaron sus pautas de gastos, cuán a menudo iban a restaurantes en lugar de comer en casa, por cuanto tiempo mantenían sus coches, el tipo de actividades familiares que realizaban juntos. Este nivel de ofrendar les obligo a repasar otros asuntos financieros, inclusive sus ahorros e inversiones. Realizaron cambios sutiles y positivos en su estilo de vida. Matt sabía que sus salarios se incrementaban en un 4 por ciento cada año. Pensó que si ellos gastan o ahorran la mitad de ese incremento cada año y utilizan la otra mitad para incrementar sus ofrendas, podrían alcanzar dar el diezmo en los próximos tres años. Y eso es lo que hicieron, aún cuando uno de los años sufrieron una reducción en sus ingresos, siguieron aumentando sus ofrendas proporcionalmente con sus ingresos.

Matt y Keri alcanzaron la meta de diezmar hace un año. Además de la oración, dialogo, lectura y compromiso al diezmo, nada podía compararse con la primera vez que escribieron ese cheque por el diez por ciento de sus ingresos y lo dieron a la iglesia. Keri recuerda el momento como un "momento atrevido" en su peregrinaje en la fe. Parecía una locura y extravagante. Pero también gozaron de un sentimiento gratificante de consumación.

Cinco años después de ese devocional en el boletín de la iglesia, Matt y Keri tuvieron la oportunidad de compartir este peregrinaje y su crecimiento en la gracia de ofrendar. Se sentían privilegiados y humildes con la posibilidad de compartir, pero no querían dar la impresión de falsa modestia ni de auto-justificación. Aunque habían alcanzado su meta de diezmar, el camino no había sido fácil.

Cuando preparaban su presentación, decidieron que primeramente Matt compartiría con la congregación cómo el diezmo les había ayudado a profundizar en su entendimiento y práctica de la fe. Las personas hablan de poner a Dios primero y tener a Dios en el centro de sus vidas. Cuando en realidad, la mayoría de las decisiones que se toman se hacen sin hacer referencia a la voluntad de Dios ni sus prioridades, y Dios realmente está en la periferia en vez de en el centro. En vez de dar a Dios de las sobras cada mes, el diezmo es una disciplina espiritual que coloca a Dios en primer lugar. Es la forma práctica de decir, "Dios es realmente el Señor de nuestras vidas, no las expectativas de la sociedad, o nuestras posesiones o nuestros apetitos". El diezmo pone una confianza enorme en Dios. El diezmo fortalece la fe.

Después, Keri describiría cómo el diezmo les forzó a pensar en el uso de su dinero, y cómo es que todo lo que han recibido les había sido confiado por Dios en primer lugar. El diezmo hizo que gastaran su dinero con más sabiduría, con menos malgaste y menos adquisiciones superfluas o impulsivas. La práctica del diezmo produjo el hábito de ahorrar más diligentemente y considerar el impacto que sus inversiones tienen en la sociedad. Vieron su dinero como si cada dólar tuviera una misión. Como mayordomos, su tarea era asegurarse de que el dinero alcanzara su propósito en consistencia con ser discípulos de Cristo. Cómo gastaban, cómo ahorraban y cómo daban era el mero reflejo de este sentido de misión. El diezmo hizo que se replantearan su toma de préstamos y sus deudas. Ponerse al día con sus deudas en tarjetas de crédito y de los automóviles liberó cantidades sustanciales para poder ahorrar y ofrendar.

Y el diezmo ha roto ese sentido de pánico, preocupación, desesperación y miedo que guiaron muchas de sus decisiones financieras del pasado. El conocimiento de que podían voluntariamente dar el diez por ciento de sus ingresos les liberó de sus sentimientos de estar atrapados, paralizados y desesperados con su situación financiera. Al dar más, se preocupan menos.

Después Matt describiría cómo las muchas conversaciones que mantuvieron en cuanto a prioridades, hábitos con el dinero y ahorros, y también cómo iban a encarar las deudas, habían enriquecido su relación personal inmensurablemente. El compromiso al diezmo les forzó a hablar en cuanto a sus metas y valores como familia en maneras que de otra forma no se hubieran dado.

Finalmente, terminaron con su testimonio de cómo este nuevo hábito de diezmar había intensificado su ya fuerte compromiso con la iglesia. Estaban más entusiasmados e interesados en cuanto al bienestar de la iglesia que antes. Se deleitaban en el crecimiento de la iglesia, la eficacia de sus ministerios, su alcance y misión. El diezmo selló y confirmó su sentido de pertenencia a la iglesia. Hicieron la misión de la iglesia parte de la suya, y mediaban en oración por las personas, ministerios y alcance de la iglesia con una pasión renovada.

Matt y Keri repasaron su testimonio una vez más, sobrecogidos por el asombroso sentido de cambio que les sobrevino durante esos años pasados. Ofrecieron su agradecimiento a Dios, y oraron por la bendición divina en esa tarea de compartir su historia y animar a otras personas a crecer en la gracia de ofrendar.

2.

Con variaciones menores, la historia de Matt y Keri se repite en las vidas de innumerables seguidores de Cristo. Las comunidades de los primeros cristianos, los metodistas del siglo XVI, los fieles mentores y modelos de la vida cristiana hoy día, todos han descubierto una verdad tan cierta como la ley de la gravedad, que generosamente agranda el alma, endereza prioridades, conecta la personas con el cuerpo de Cristo y fortalece las congregaciones para cumplir los ministerios de Cristo. Dar y ofrendar refleja la naturaleza de Dios. Crecer en la gracia de ofrendar es parte del peregrinaje de la fe cristiana, una respuesta que los discípulos de Cristo ofrecen al llamado de Dios de impactar en este mundo.

Los pasos que dieron Matt y Keri hacia el diezmo son similares a los míos propios, y su caminar resuena con las historias de muchos cristianos de toda profesión —conserjes y maestros, trabajadores de fábricas y personas con negocios pequeños, sirvientas y ejecutivos, abogados y granjeros, personas activas en el mundo laboral y jubilados, médicos y amas de casa —algunos con ingresos tan pequeños que se nos es difícil saber cómo se las arreglan para dar algo, y otros con recursos tan grandes que sus iglesias locales no pueden absorber su generosidad, y hacen que dirijan esos impulsos caritativos a campamentos, universidades, nuevas iglesias y agencias de servicios sociales.

Las personas que dan generosamente a la iglesia lo hacen porque genuinamente desean un impacto positivo para los propósitos de Cristo, y porque quieren encaminar sus vidas con un más alto propósito. Dan en respuesta al deseo irresistible del Espíritu, y sienten una satisfacción profunda en la sensación de sentido y conexión que sigue a la generosidad. Dan porque aman a Dios, aman a la iglesia y desean crecer en su amor por el prójimo.

Las congregaciones vibrantes, con fruto y en crecimiento practican la generosidad extravagante. Estas iglesia enseñan,

---

"Uno de los míos"

Un antiguo miembro de la iglesia y abuelo orgulloso estaba en el baptisterio con su familia para el bautismo de su nieto. Otro bebé de otra familia que era nueva en la congregación se bautizó en el mismo culto. Después del culto, las dos familias se entremezclaron en frente de la iglesia al turnarse para tomar fotos. En uno de esos momentos, la madre de la nueva familia necesitaba sacar algo de su bolsa y este abuelo se ofreció coger en brazos al bebé. Otros miembros de la iglesia salían y entraban para darles la enhorabuena, y varios hablaban con el abuelo del bebé que tenía en brazos, y se halló varias veces diciendo "No, no, este no es el mío; sólo estoy ayudando a esta otra madre".

El lunes por la mañana el abuelo llamó al pastor y le dijo que quería verle de inmediato. El pastor esperaba lo peor, y se preguntaba por qué este miembro antiguo estaba tan alterado y qué habría ocurrido el día anterior. Cuando el abuelo llegó a la oficina de la iglesia, dijo al pastor, "Quiero cambiar mi testamento para incluir a la iglesia y quiero saber cómo puedo hacer esto". El pastor estaba asombrado, y no sin resistencia preguntó al abuelo qué era lo que le había hecho decidir esto. Los ojos de este anciano se llenaron con lágrimas y dijo, "Ayer me di cuenta de algo cuando tenía en mis brazos a ese otro bebé, el bebé de la familia que acaba de unirse en membresía a la iglesia. Yo seguía diciendo a las personas que se me acercaban para felicitarme que no era el mío, pero después

---

me di cuenta de que este bebé sí era parte de mi familia, parte de la familia de la iglesia, y de que tengo responsabilidad por ese pequeño niño tanta como por mi propia nieta. He sido miembro de esta iglesia por más de cuarenta años, y a los ojos de Dios soy abuelo para más que solamente los míos. He hecho provisión para mis propios hijos en el testamento, pero me he dado cuenta que también debo proveer para los hijos e hijas de la iglesia. Por esto quiero dividir mis posesiones y dejar una parte a la iglesia como si se tratara de uno de mis hijos". Los que practican la generosidad extravagante tienen una visión y fe dadas por Dios para plantar semillas que produzcan árboles cuyas sombras nunca podrán ver.

predican y practican la dádiva proporcional con la meta del diezmo. Animan a sus miembros a crecer en la gracia de ofrendar como una práctica esencial del discipulado cristiano, y como congregación practican la generosidad a través del apoyo extraordinario de misiones, ministerios conexionales y organizaciones que cambian la vida de las personas. Prosperan con el gozo de la abundancia en vez de menguar por el miedo a la escasez. Dan gozosamente, con generosidad y consistentemente en maneras que enriquecen las almas de sus miembros y fortalecen los ministerios de la iglesia.

Las iglesias acogen a las personas nuevas con un nuevo sentir de pertenencia a ésta cuando practican la hospitalidad extrema de Cristo. A través de la adoración apasionada Dios moldea los corazones y mentes, y crea el deseo de crecer en Cristo. Por medio de la práctica del desarrollo intencional de la fe, las personas se ponen en la disposición de escuchar la palabra de Dios y permiten que el Espíritu madure su entendimiento de la voluntad de Dios. El crecimiento espiritual interno encuentra una expresión extraña en misión y servicio arriesgados conforme las personas responden al llamado de Dios de impactar la vida de otras. Conforme las personas crecen en su relación con Cristo, también crecen en la práctica de la generosidad extravagante, al ofrecer más de ellas mismas para los propósitos de Cristo y al proveer los recursos que fortalecen el ministerio y que ayudan a la iglesia a influir en la vida de más y más personas de la misma forma que sus propias vidas han sido transformadas por Dios.

3.

Las Escrituras están repletas de ejemplos y enseñanzas que se centran en posesiones, riqueza, ofrendar, dar, generosidad, caridad, sacrificio y compartir con personas en necesidad. La acción de dar es una práctica central tanto judía como cristiana porque se percibe a Dios como un ser extravagantemente generoso, el dador de todo don bueno, la fuente de vida y de amor. Las personas dan porque sirven a un Dios dador.

En el Antiguo Testamento, pasajes numerosos subrayan la importancia del diezmo, dar un diez por ciento, y los primeros frutos, ofrendar los frutos primeros y mejores de la cosecha, del ganado y de las ganancias para los propósitos de Dios. En Génesis 14:20, Abram dio el diez por ciento de todo los que poseía a Dios, y desde Levítico hasta Deuteronomio, la práctica del diezmo y de los primeros frutos se hace evidente. El libro de Éxodo dice, "Tomad de entre vosotros una ofrenda para Jehová; todo generoso de corazón la traerá a Jehová..." (Éxodo 35:5). El ofrendar a Dios viene de la generosidad de corazón y no de la mera responsabilidad u obligación.

En Proverbios se recuerda al pueblo, "Honra a Jehová con tus bienes y con las primicias de todos tus frutos" (Proverbios 3:9). La forma en la que las personas utilizan sus recursos materiales honra o deshonra su relación con Dios. La generosidad alinea la vida de uno con los propósitos divinos.

El profeta Malaquías exhorta al pueblo a que dependan genuinamente de Dios y ofrenden el diezmo, implicando que cuando el pueblo poner a prueba la fidelidad de Dios hallan fiables la presencia de Dios y sus promesas (Malaquías 3:8-10). Las voces de los profetas advierten que el pueblo no puede agradar a Dios solamente por medio de los sacrificios materiales, sino que el reino de Dios requiere justicia, rectitud y fidelidad (Amós 5:21-24; Miqueas 6:8).

Las enseñanzas de Jesús abundan en historias de personas ricas y pobres, generosas y astutas, que dan y que toman, caritativas y egoístas, fieles y temerosas. Elogia a la viuda pobre que puso dos monedas en la arcas del templo, que dio de su propia pobreza, "echó todo el sustento que tenía" (Lucas 21:1-4). La historia resulta en lo inesperado al señalar Jesús la proporción de la ofrenda y no la cantidad como medida de lo que es extravagante.

En la historia del hombre rico que edificó graneros más grandes y puso su confianza en sus posesiones terrenales, Jesús hace la siguiente pregunta, "...y lo que has guardado, ¿de quién será?" Y advierte, "Así es el que se hace para sí tesoro y no es rico para con Dios" (Lucas 12:13-21). La capacidad adquisitiva no fomenta la vida de riqueza en Dios.

También Jesús nos la cuenta en la parábola de los tres siervos, a los que se les confiaron diferentes cantidades de talentos, para ilustrar el deseo de Dios de que el fiel utilice lo que se le ha dado de manera responsable y productiva. Al siervo que amontonó y enterró el talento que se le entregó por miedo a perderlo (Mateo 25:14-30). La manera en la que las personas utilizan lo que poseen es importante para Dios.

Jesús reprendió a los escribas y fariseos por su hipocresía, diezmaban al tiempo que descuidaban la justicia, misericordia y fidelidad. El pueblo de Dios practica la justicia y la compasión sin descuidar el diezmo (Mateo 23:23). El diezmo no satisface en su enterez lo que el don y demanda de la gracia divina requiere de los seguidores de Cristo.

El amor inesperado de Jesús por Zaqueo cambia al cobrador de impuesto en una manera tan extrema que regala sus riquezas a los pobres y a esas personas a las que haya podido perjudicar. Dar sirve el propósito de justicia y es un fruto de la gracia trasformadora de Cristo (Lucas 19:1-10).

Incluso en la historia del buen samaritano se acentúa la generosidad extraordinaria. El samaritano no simplemente cubre las heridas del extraño que yacía en el camino dado por muerto, pero, además, lo lleva a un hostal, paga de su bolsillo para que se le atienda y se compromete a cubrir todos los gastos hasta que se reponga, al decir al posadero, "Cuídamelo, y todo lo que gastes de más yo te lo pagaré cuando regrese" (Lucas 10:35). La generosidad del samaritano, al igual que su compasión, no conoce límites.

Más allá de las enseñanzas, parábolas e historias los seguidores de

> **"De la escasez a la abundancia"**
>
> Seis miembros del comité de finanzas de una pequeña congregación se enfrentaron con el desafío de tener que pagar una reparación inesperada del sistema de aire acondicionado de $465. La iglesia ya se había pasado de su presupuesto de mantenimiento para ese año, y los balances de las cuentas eran peligrosamente bajos. Entre los miembros laicos se encontraban un vendedor, un banquero, un maestro, un ama de casa, un pequeño empresario, y un agente de seguros. Durante más de cuarenta y cinco minutos discutieron sus opciones. ¿Deberían pedir un préstamo de dinero, posponer el pago de esa factura, presentarlo a la iglesia y levantar los fondos el domingo? ¿Deberían utilizar el dinero presupuestado para otros ministerios? Consideraron incluso otras formas de recaudar fondos, como hacer un mercadillo para vender artículos donados, una venta de pasteles, o una cena. Incluso pensaron en hablar con uno de los miembros más ricos y pedirle que hiciera una ofrenda especial, aún cuando este miembro no era activo y en el pasado no había mostrado mucho interés a la hora de ayudar. A lo largo de la reunión, la frustración aumentó. Parece ser que se les acababan las buenas soluciones.
>
> Finalmente, la maestra hizo un gesto con la cabeza porque había llegado a un callejón sin salida. Con una sonrisa, sugirió que parasen de pensar y hablar tanto y que oraran en silencio para ver si Dios les proporcionaba una solución. Todos siguieron

Jesús ven en su costoso e inmérito don de su sacrificio y muerte la cúspide de la auto-revelación divina. El pasaje más memorizado del Nuevo Testamento expresa la infinita naturaleza del amor de Dios revelado en el don que recibimos en Cristo. "De tal manera amó Dios al mundo, que ha dado a su hijo unigénito" (Juan 3:16).

En la iglesia primitiva, los seguidores de Jesús "vendían sus propiedades y sus bienes y lo repartían a todos según la necesidad de cada uno" (Hechos 2:45). La generosidad era el sello del poder del Espíritu para cambiar vidas y prácticas.

Pablo describe la generosidad como uno de los frutos del Espíritu, junto con el amor, gozo, paz paciencia, benignidad, bondad, fe, mansedumbre y templanza (Gálatas 5:22). Describe cómo "tenemos diferentes dones, según la gracia que nos es dada" (Romanos 12:6-7). Todo cristiano práctica la generosidad, mientras que algunos tienen el don especial del Espíritu para dar en maneras extraordinarias.

Pablo elogia la generosidad de las comunidades de fe, concretamente de esas que mantienen sorprendentemente su extravagancia en sus ofrendas en medio de situaciones de calamidad. Escribe a las iglesias de Macedonia, "porque, en las grandes tribulaciones con que han sido probadas, la abundancia de su gozo y su profunda pobreza abundaron en riquezas de su generosidad", "han dado conforme a sus fuerzas, y aún más allá de sus fuerzas,

esa recomendación. Después de unos momentos de silencio, dirigió su mirada alrededor de la habitación, a sus amistades y compañeros de la iglesia, y dijo "Todos en el grupo sabemos que podemos escribir un cheque por la cantidad total de $465 y que no impactará nuestro estilo de vida, nuestra comodidad ni seguridad financiera". Dicho esto sacó su chequera de su bolso y escribió un cheque por la cantidad de 465 dólares a nombre de iglesia. Entonces dijo, "Si ustedes quieren unirse a mí pueden añadir otros cheques también y solucionaremos el déficit de presupuesto del ministerio de niños". Otras tres personas del grupo siguieron su ejemplo y otras dos escribieron cheques por $100 y $200. ¿Cuál fue el resultado de su liderazgo generoso e inspirador? La reparación de la unidad de aire acondicionado fue cubierta, y el ministerio de niños tuvo un presupuesto inesperado de $1695 que sirvió para iniciar una nueva iniciativa para enseñar en cuanto a la fe a la próxima generación.

No hay fin a lo que la iglesia puede alcanzar para los propósitos de Cristo cuando reconocemos con agudeza que las posesiones, recursos y talentos que Dios nos ha confiado sobrepasan el temor de la escasez y el obsesivo enfoque en necesidades, problemas y falta de dinero. La generosidad extravagante conlleva ponernos con gracia y responsabilidad a nosotros mismos y a nuestros recursos al servicio de Dios.

pidiéndonos con muchos ruegos que les concediéramos el privilegio de participar en este servicio para los santos" (2 Corintios 8:2-4).

Pablo advierte a esas personas con recursos materiales a no poner sus esperanzas en las incertidumbres de las riquezas, sino en Dios quien abundantemente proporciona todas las cosas. "Que hagan bien, que sean ricos en buenas obras, dadivosos y generosos. De este modo atesorarán para sí buen fundamento para el futuro, y alcanzarán la vida eterna" (1 Timoteo 6:17-19).

En cada pasaje mencionado –Abram con su diezmo, la viuda que dio todo lo que tenía, la transformación de Zaqueo, la compasión del samaritano, la iglesia de Macedonia y su ofrenda durante su escasez, y don del mismo Dios por medio de la muerte y resurrección de Cristo– dar es en cada caso extravagante, cambia vidas y se hace con gozoso.

Juan Wesley y los primeros metodistas practicaron la generosidad como un aspecto necesario e indispensable de su discipulado, esencial para la madurez del alma y para el trabajo en la iglesia. Wesley enseñó a los metodistas, "Gana todo cuanto puedas, ahorra todo cuanto puedas y da todo cuanto puedas" ("El uso del dinero", 1744). Temía que la frugalidad de los primeros metodistas les llevara a niveles de riqueza que les distrajera de su crecimiento en una vida de fidelidad. Wesley advirtió en contra de la ganancia de dinero de manera destructiva, por medios que corrompen el alma o contribuyen a injusticias. Animó a los metodistas a vivir una vida sencilla, sin opulencia, evitando malgastar el dinero en cosas innecesarias. Se animaba a los primeros metodistas a practicar el autocontrol, a refrenarse y negarse. Tales prácticas profundizaban la fe, evitaban el orgullo y la vanidad y resultaban en una capacidad mayor de ayudar a otros. La generosidad, de acuerdo con Wesley, estaba enraizada en la gracia, y en el vaciarse a sí mismo para otros, una expresión de amor a Dios y al prójimo.

4

La práctica de la generosidad describe al deseo cristiano no egoísta de dar para producir un impacto positivo en el propósito de Cristo.

La generosidad extravagante describe las prácticas de dar y compartir que exceden cualquier previsión, que se extiende en medidas inesperadas. Describe el compartir, el sacrificio y el dar espléndidamente en servicio a Dios y al prójimo.

Las congregaciones vibrantes, con fruto y en crecimiento tienen éxito por sus extraordinarias dádivas, sacrificio voluntario y acción de dar con gozo de sus miembros por su amor a Dios y al prójimo. Estas iglesias enseñan y practican la generosidad que se centra en la abundancia de la gracia de Dios y acentúa la necesidad cristiana de dar en vez de la necesidad monetaria de la iglesia. En el espíritu y a la manera de Cristo, las congregaciones que practican la generosidad extravagante explícitamente declaran el lugar que ocupan el dinero, el dar, la generosidad y el compartir en el peregrinaje cristiano de fe. Perciben el dar como un don de Dios, y su generosidad se ve motivada por un alto sentido de misión y un deseo profundo de agradar a Dios al impactar positivamente en el mundo.

La noción de que la mayordomía se centra correctamente en la necesidad cristiana de dar en vez de en la necesidad de la iglesia de recibir no es simplemente una estrategia para levantar fondos, sino una poderosa verdad espiritual. La práctica del diezmo bendice al que da así como fortalece la misión y el ministerio de la iglesia.

Los estadounidenses viven en una sociedad extraordinariamente materialista y de consumo. Están sumergidos en una cultura que nutre la adquisición, el apetito por más y más grande, y que acoge el mito de que el valor de una persona se encuentra en su riqueza material y que la felicidad se adquiere con las posesiones. Las personas en sus treintas sienten que han fracasado porque no poseen la casa de sus sueños y en automóvil que sus padres tienen, en sus cuarentas las personas sienten que han fallado porque no son millonarias. Millones de parejas se enfrentan a niveles opresivos de deuda que causa tensión en sus matrimonios, destruye la felicidad e intensifica el conflicto y la ansiedad. Como un presentador de radio dice, "Compramos cosas que no necesitamos con el dinero que ni siquiera tenemos para impresionar a personas que no conocemos" (The Dave Ramsey Show).

El cuarenta por ciento de los estadounidenses gastan un 110 por ciento de sus ingresos anuales cada año. Las personas mantienen sus estilos de vida con préstamos para automóviles, deudas de tarjetas de crédito e hipotecas.

Cuando se les pregunta a personas con diferentes ingresos qué ingresos considerarían suficientes para hacerles felices, sorprendentemente responden con la misma consistencia y dicen que un 20 por ciento más de sus ingresos les solucionaría la vida, les ayudaría a comprar lo que necesitaran y les traería seguridad. La personas con ingresos de $10.000 piensan que $12.000 les dará finalmente la felicidad, las que ganan $50.000 piensan que con $60.000 finalmente saldrán del paso, y esas con $500.000 quieren solamente $100.000 más para alcanzar su meta de ganancias en la vida. En otras palabras, las personas que ganan un 20 por ciento menos que nosotros piensan que serán felices si ganaran lo que nosotros ganamos. Entonces, ¿por qué estamos tan descontentos con lo que tenemos? La felicidad basada en posesiones produce en las personas proseguir una meta recesiva, dejándolas insatisfechas, queriendo más, incapaces de algún día satisfacer sus deseos.

En su raíz, éstos son problemas espirituales y no simplemente problemas de planificación financiera. Revelan valores espirituales que son espiritualmente corrosivos y que llevan a un continuo descontento, desánimo e infelicidad. Nunca podemos ganar lo suficiente para ser felices cuando creemos que esa satisfacción, identidad propia y significado derivan principalmente de nuestras posesiones, y no podemos nunca confiar nuestro sentido de valor personal cuando descansa en posesiones que son materiales y temporales. Una filosofía de vida basada principalmente en materialismo, adquisición y posesiones no es suficiente en la vida. En algún punto, los seguidores de Cristo deben decidir si escucharán a la sabiduría del mundo o la sabiduría de Dios.

Como en la experiencia de Keri y Matt, la ofrenda y diezmo en proporción dirige forzosamente a las personas a considerar sus ingresos y ahorros y a gastar con los ojos de Dios. Les recuerda que su valor último como personas se deriva de la seguridad de ser hijos e hijas de Dios, creados por Dios e infinitamente amados por Dios. El amor eterno de Dios revelado en Cristo es nuestra fuente de valor propio; la felicidad y el significado verdaderos se encuentran en el crecimiento en gracia y en el conocimiento y amor de Dios. El dar generosamente crea una

---

"Sorprendido haciendo el bien"

Una congregación en el centro de la ciudad en una comunidad moderadamente numerosa recibía la visita ocasional de transeúntes, personas sin techo, y personas de la calle para pedir limosnas. A menudo encontrábamos a esas personas durmiendo en las escaleras de la iglesia. Los líderes desarrollaron reglas, guías y políticas en cuanto a cómo ayudar y cómo dirigirse a las personas que solicitaban ayuda. Tuvieron muchas discusiones en cuanto a los aspectos positivos y negativos de dar dinero en efectivo, boletos de comida, las direcciones de otras agencias sociales. Una de esas discusiones se extendió por bastante tiempo y se alcanzaron pocas conclusiones.

Al dejar la iglesia, el pastor se percató del conserje de la iglesia que llevaba la basura a un contenedor de la calle. Al lado del contenedor había una persona sin techo sentada que no parecía muy consciente. Al acercarse al contenedor el conserje, puso la bolsa de basura en el suelo, sacó su cartera del bolsillo y sin preguntar a nadie se acercó a esa persona y le dio unos pocos dólares y le dijo algo. Después continuó con su trabajo y regresó a la iglesia. El pastor estaba maravillado y se sintió humilde ante esta extraordinaria muestra de generosidad. Ese trabajador a tiempo

nueva dirección a nuestra vida y nos ayuda a distinguir lo que es permanente, eterno y de infinito valor de lo temporal, ilusorio y poco confiable. La disciplina de la ofrenda generosa coloca a las personas en el balcón, y les ayuda a mirar más allá de la sociedad de consumo con una nueva perspectiva, mejores capacitadas para ver las trampas, decepciones y mitos. La práctica de la generosidad es un medio por el que Dios edifica a las personas, fortalece sus espíritus y las equipa para servir el propósito de Dios.

El diezmo ayuda a los seguidores de Jesús a entender que todo pertenece a Dios; que

parcial de la iglesia que ganaba menos que cualquier otro miembro del liderazgo ejerció la generosidad sin que se le pidiera, mientras que los líderes de la iglesia habían pasado horas hablando de reglas y procedimientos.

El pastor preguntó al conserje por qué le había dado dinero a esa persona sin que se lo pidiera, y si había pensado que tal vez podría utilizar malamente ese dinero, para comprar alcohol y drogas. "Siempre hago esto cuando puedo", respondió, "les doy un poco de dinero y les digo que Dios les bendiga", porque pienso que aún cuando puede que no estén muy cuerdos, son los hijos de alguna madre, o los padres de algún niño, y por esto les doy dinero. Lo que hagan con el dinero –ellos tendrán que responder a Dios por ello. Yo, sólo respondo a Dios por lo que hago con el mío".

durante su estancia en el mundo, las personas son mayordomos y utilizan todo lo que tienen y todo lo que son en formas que glorifican a Dios. Lo que los cristianos *ganan* pertenece a Dios, y deben ganarlo con honestidad y en formas que sirven propósitos consistentes con ser discípulos de Cristo. Lo que los cristianos *gastan* pertenece a Dios, y deben hacerlo con sabiduría, no con necedad, en cosas que mejoran la vida y que no la degeneren. Lo que *ahorran* pertenece a Dios, y deben invertir en el fortalecimiento de la sociedad. Lo que *dan* pertenece a Dios, y deben de dar generosamente, extravagantemente y a conciencia en maneras que el cuerpo de Cristo se fortalezca.

Ciento cincuenta años antes, si sus bisabuelos eran activos en su fe, diezmaban. ¿Cómo es que ellos podían diezmar hace ciento cincuenta años y nosotros tenemos dificultad en hacerlo? ¿Era porque eran más ricos que nosotros? De hecho es todo lo contrario. Tenemos dificultad con el diezmo porque nuestros corazones y mentes están poderosamente moldeados por nuestra abundancia. Se nos hace difícil dar extravagantemente porque nuestros valores sociales moldean nuestra percepción más que lo hacen nuestros valores de fe.

Las personas que son nuevas en la fe pueden hallar la práctica del diezmo extremadamente desafiante. Deberán ir paso por paso y madurar en ello con el paso del tiempo. Si estas personas están sobrecogidas por deudas y luchan con una opresiva ansiedad, deberán cambiar primeramente sus hábito de gasto y estilo de vida para que se liberen de esas deudas excesivas (Ver *Money Matters: Financial Freedom for All God's Children*, por Michael Slaughter). Cuando se sientan más aliviadas, podrán comenzar a dar proporcionalmente, y crecer en la gracia de dar hasta alcanzar el diezmo.

Por otro lado, hay personas que han estado activas en sus iglesias durante veinte, treinta o cuarenta años, han asistido a la adoración fielmente y estudiado la Biblia en las clases, disfrutado el apoyo de la comunión de la iglesia y han ofrecido su servicio en innumerables ocasiones en la iglesia, pero no diezman... Desafiaría a estas personas a que pensaran seriamente y en oración a cerca de esto. ¿Por qué son otras prácticas de la fe de relevancia para ellas y de ayuda, pero la disciplina del diezmo no lo es? ¿Es esta evasión del diezmo un fruto de fidelidad o el resultado de someterse a los valores de una cultura de consumo?

Practiquen el diezmo. Enseñen a sus hijos e hijas a gastar sabiamente, a ahorrar consecuentemente y a dar generosamente. Que lo aprendan de sus padres y abuelos para que sean generosos y no avaros, dadores y no autocomplacientes, caritativos y no ensimismados. La generosidad extravagante cambia la vida y el espíritu del dador.

La práctica de la generosidad extravagante también cambia a las iglesias. Las iglesias que sustentan la ofrenda proporcional y el diezmo entre sus miembros prosperan. Realizan grandes tareas en el nombre de Cristo, ofrecen ministerios robustos y tienen los recursos para llevar a cabo misiones nuevas y provechosas. Escapan a los efectos debilitantes de ansiedad y conflicto que son fruto de una mentalidad de escasez. Prosperan para los propósitos de Cristo e impactan en las vidas de las personas.

Cada santuario y capilla en la que hemos adorado, cada órgano de iglesia que levantó nuestro espíritu, cada banco en el que nos sentamos, cada himnario que hemos utilizado, cada grupo de la alabanza que ha tocado nuestro corazón, cada sala de la iglesia en la que nos reunimos con nuestras amistades, cada cocina en iglesias donde preparamos las comidas y cenas, cada vehículo de la iglesia que nos lleva a campamentos, cada cabaña del campamento de la iglesia donde hemos pasado la noche –todos son fruto de la generosidad extravagante de alguien. Somos los receptores de gracia sobre gracia. Somos los herederos, los benefactores de esas personas que vinieron antes que nosotros que fueron conmovidas por la generosidad de Cristo de forma que dieron con gracia para que nosotros podamos experimentar la verdad de Cristo por nosotros mismos. Debemos lo mismo a las generaciones futuras. Hemos adorado en santuarios que nosotros no construimos y por esto recae sobre nosotros el privilegio de construir santuarios en los que nunca llegaremos a adorar.

La generosidad es un fruto del Espíritu, una aspiración espiritual digna. La generosidad es lo opuesto al egoísmo, la avaricia y al ser ensimismados. La práctica de la generosidad extravagante requiere templanza, paciencia, bondad, fe y amor a Dios y al prójimo. Estas cualidades nos edifican y capacitan para la vida y el ministerio, y sustentan perspectivas y actitudes que son prolongadas, enriquecedoras y significativas. Dar cambia a las personas que comparten, y cambia a la iglesia.

5.

Las ofrendas de una congregación se mantenían constantes aún cuando la iglesia había crecido moderadamente en asistencia. La congregación continuaba iniciando nuevos ministerios por lo que su presupuesto se puso bajo gran presión y los líderes de la iglesia se sintieron más ansiosos. Decidieron revaluar sus prácticas de mayordomía. Durante años, la congregación separaba el mes de octubre para enfatizar los compromisos de la iglesia, se acentuaba el compromiso de los miembros para apoyar a la iglesia con "oraciones, presencia, ofrendas y servicio". Cada semana el pastor predicaba sobre uno de estos puntos. Al final del mes, los miembros rellenaban tarjetas en las que se comprometían en tiempo, talento y servicio en varios de los ministerios de la iglesia. También completaban una tarjeta con la cantidad de dinero que estimaban iban a ofrendar durante el año.

Con el consenso de que la forma antigua de hacer las cosas no estaban produciendo los resultados deseados, el pastor y el comité de finanzas comenzaron a examinar nuevos modelos para desarrollar una cultura de generosidad en la iglesia. Leyeron libros en cuanto a mayordomía y ofrendar y revisaron recursos y planes de mayordomía. Después de mucha discusión, se pusieron de acuerdo en una serie de valores comunes. Primero, no utilizarían el sentido de culpabilidad, temor, escasez o causar vergüenza para obligar a las personas a dar. Deseaban que las personas se sintieran bien en cuanto a la idea de ofrendar y en cuanto a ser más generosas. Querían también que su énfasis en la mayordomía uniera y dieran energía a las personas y hacerlas sentir conectadas con los ministerios de la iglesia. En segundo lugar, darían a los laicos la responsabilidad de hablar en cuanto a las ofrendas en vez de recaer sobre el pastor, he invitarían a las personas que practican el ofrendar proporcionalmente y diezman a dar testimonios sobre su práctica en su fe y su relación con Dios. Tercero, sin dejar de ser directos y transparentes a cerca del presupuesto de la iglesia y las necesidades financieras, enfatizarían la necesidad cristiana de ofrendar en vez de la necesidad de la iglesia por recibir. Cuarto, enseñarían la práctica escritural del diezmo y de la ofrenda proporcional, dar de acuerdo con lo que se tiene. Quinto, decidieron enfatizar solamente la mayordomía financiera en octubre en vez de centrarse en las cuatro áreas de compromiso de los miembros.

Conforme repasaban las opciones que tenían, consideraron que el libro *New Consecration Sunday Stewardship Program* (Abingdon Press) de Herb Miller plasmaba los valores y prácticas que querían seguir. Los líderes de la iglesia encontraron resistencia de unos pocos miembros quienes creen que la iglesia no debe de hablar de dinero con tanto ahínco. Uno de los miembros expresó su temor de que acentuar el diezmo resultaría en que algunas personas dejaran la congregación. Con todo, el Comité de Finanzas apoyó las recomendaciones.

Este modelo de mayordomía consistía en la preparación de cartas que invitaban a las personas a asistir al culto durante el mes de octubre y especialmente al último fin de semana del mes para celebrar el Domingo de Consagración. Se involucró a los laicos en la planificación de los eventos, en los anuncios del programa durante la escuela dominical y culto. En lugar de simplemente proporcionar información e invitar a las personas, los voluntarios laicos compartieron sus propios testimonios en cuanto al lugar que el ofrendar y el dar ocupaban en su peregrinaje en la fe. El plan también incluía que el pastor predicara en cuanto a dar, ofrendar, ser generosos y el diezmar durante el mes de octubre, acentuando la necesidad cristiana de ser dadivoso y vinculando el dar con la misión de la iglesia y las vidas que la iglesia ha impactado. En una de las cenas del liderazgo, se pidió a los miembros de la junta que asistieran al Domingo de Consagración y que se quedaran para una cena de celebración. En uno de los cultos, uno de los miembros de la congregación presentó un esquema que mostraba las pautas que la congregación había seguido con sus ofrendas y animaba a los miembros a dar un paso más hacia el diezmo. En las semanas de preparación, los miembros de la iglesia compartieron en las clases de la escuela dominical y en el boletín de la iglesia las razones por las que ofrendan y las formas en las que han madurado como resultado de este ofrendar, y cómo ha afectado su relación con Dios y con la iglesia. En el Domingo de Consagración, la predicación estaba a cargo de un invitado laico y líder de otra congregación durante los dos cultos, y predicó acerca del significado de ser dadivoso en la vida cristiana y en cuanto a la misión de la iglesia. Los miembros llenaron sus tarjetas de compromiso durante el culto, y fueron consagrados al servicio de Dios por medio de una oración. Después del culto, todos asistieron a una barbacoa y compartieron la comida juntos. Se planificaron también actividades para los jóvenes e infantes durante el culto y la comida con el propósito de incluirlos en la práctica de dar.

Esa congregación experimentó lo que muchas iglesias experimentan cuando deciden tomar seriamente la tarea de dar. Descubrieron que el Domingo de Consagración fortaleció y unió a la iglesia. Los miembros se sintieron reafirmados positivamente en cuanto a su crecimiento en la tarea de dar, y muchos más miembros que antes incrementaron sus ofrendas y se acercaron más a la práctica del diezmo. Los compromisos económicos, a dar dinero, se incrementaron en más de un 30 por ciento comparados con los del año pasado. El beneficio adquirido más significativo fue que se renovó el compañerismo, la fe y el propósito que el Domingo de Consagración inspiraba.

No hay congregación que pueda justificar el no ofrecer un énfasis anual, de buena calidad, positivo y espiritualmente sólido, para estimular el crecimiento en la tarea de dar y proporcionar a los miembros la disciplina del compromiso económico para apoyar la misión de la iglesia. Ninguna iglesia debería permitir que una o dos voces en el Comité de Finanzas entorpezcan un crecimiento de 30 al 40 por ciento en ofrendas con un veto a una campaña bien pensada. La mayordomía anual resulta, cuando se hace bien y con una base espiritual sólida, en beneficio para el que da tanto como para el ministerio de la iglesia.

Los planes de mayordomía en iglesias grandes pueden incluir materiales impresos de alta calidad, videos que conectan el dar con la misión de la iglesia, temas y símbolos y carteles memorables, comités de planificación que coordinan los cultos, música, cenas, comunicaciones y trabajo con los niños y niñas y los jóvenes. Las iglesias pequeñas funcionan de manera distinta, requieren más trabajo personal y conversación. La clave para campañas eficaces y de fortalecimiento espiritual son las mismas para iglesias grandes y pequeñas: un énfasis sin disculpas, pero atento, en dar proporcionalmente y el diezmo, un énfasis en la tarea de dar como parte del peregrinaje en la fe del dador, un énfasis en conectar el dinero con un claro y preciso sentido de misión, y un énfasis en la participación de todas las personas en planificación y dirección, y por último, una gran dependencia no sólo en el pastor sino también en el liderazgo laico.

6.

Las iglesias que practican la generosidad extravagante no hablan en cuanto a la mayordomía en términos generales; hablan con confianza y fidelidad de dinero, ofrendar, generosidad y el impacto que el ofrendar hace en los propósitos de Cristo y en la vida del que ofrenda. Acentúan la necesidad cristiana de dar más que la necesidad de la iglesia por recibir dinero. Enseñan, predican y practican el ofrendar proporcionalmente con la meta en mente de llegar a diezmar. Utilizan el nombre de Dios con precisión cuando llaman a los más altos niveles del propósito de una vida dadivosa sin emplear temor, culpabilidad, presión o vergüenza como motivación. Hablan de gozo, devoción, honrar a Dios y del crecimiento estable del espíritu que culmina en más generosidad. No se disculpan, quejan, gimotean, actúan con vergüenza o se sienten incómodas cuando alientan a las personas a ofrecer lo mejor de ellas mismas a Dios. Las personas se deleitan al ofrendar. Las campañas de compromisos financieros no se centran únicamente en el dinero y presupuesto, sino más bien en la misión de la iglesia, el crecimiento espiritual y la relación con Dios. La tarea de la mayordomía profundiza la vida de oración, edifica a la comunidad, une a las personas con un propósito, y clarifica la misión. Las personas se sienten fortalecidas y agradecidas por haber podido servir a Dios a través de sus dádivas.

Las congregaciones extravagantemente generosas enfatizan la misión, el propósito y el impacto en otras vidas y no la escasez, los presupuestos ni la lealtad institucional. Proporcionan una visión sólida que invita a las personas a dar gozosamente, y encontrar propósito, significado y satisfacción en vidas cambiadas. Saben que Dios influye sobre las personas para que den y hagan cosas para Cristo. Vinculan el dinero con la misión.

Las iglesias que cultivan la práctica de la generosidad extravagante proporcionan oportunidades de gran calidad para iniciar un compromiso anual con amplia participación, oportunidades bien preparadas, y numerosas oportunidades para que los laicos se involucren y lideren estas iniciativas. Aunque los pastores proporcionan liderazgo a través de la predicación, enseñanza y ejemplo, las congregaciones cuentan con el testimonio, sermones, charlas, meditaciones en los boletines y en las páginas de la red, de personas laicas que son extravagantemente generosas. Invitan a ser parte del liderazgo a laicos que hablan con integridad por su propio crecimiento personal en la práctica de ofrendar, incluyendo a personas de diversas edades y trasfondos.

Las congregaciones vibrantes, con fruto y en crecimiento no sólo centran sus esfuerzos en la mayordomía durante las sesiones anuales de compromiso financiero, también acentúan la ofrenda fiel durante el resto del año con predicaciones, estudios bíblicos y clases en la escuela dominical. Hablan con términos espirituales del lugar que ocupan la riqueza, abundancia, adquisiciones, materialismo, egoísmo, generosidad y el dar. No evitan las campañas para recaudar fondos, e inician proyectos mayores con excelencia, preparación profesional y magnífica comunicación. Constantemente ofrecen a sus miembros la oportunidad de apoyar proyectos especiales y otros nuevos, con el conocimiento de que dar estimula el dar; y han aprendido que cuando las ofrendas especiales están alineadas con los propósitos de Cristo no disminuyen los ingresos para el presupuesto general. Con entusiasmo alientan las contribuciones caritativas y las ofrendas filantrópicas de sus miembros para agencias de servicio comunitario y para causas culturales, médicas y de abogacía que impactan las vidas de otras personas.

Los pastores que nutren la práctica de la generosidad extravagante expresan apreciación a las personas que dan. Agradecen a los miembros colectivamente y personalmente, y juntos dan gracias a Dios por esos incrementos en las ofrendas. Envían notas personales de apreciación por las dádivas especiales y por los incrementos inesperados en las ofrendas o en sus compromisos económicos. A través de los reportes trimestrales, las iglesias que cultivan la generosidad mantienen a los miembros informados de formas positivas y consistentes en cuanto a sus compromisos y sus ofrendas. Estas iglesias sobresalen en su comunicación precisa de lo que reciben. En cada informe de las ofrendas de un solo miembro, se percibe un tono de apreciación y un recuerdo del impacto que las ofrendas de una persona causan, y se centran en la misión de cambiar las vidas de otras personas. Cuando los miembros solicitan de la iglesia o del tesorero información en cuanto a sus ofrendas, la respuesta es rápida, positiva, precisa, nunca a la defensiva, o confusa o con tardanza. Los pastores, líderes y voluntarios se esfuerzan por cultivar la confianza y apreciación del contribuyente.

Las iglesias con generosidad extravagante no sólo alientan, enseñan y apoyan la generosidad personal, también practican una generosidad extraordinaria como congregación, demostrando su ejemplar apoyo para los ministerios conexionales de la denominación, proyectos especiales y misiones en su comunidad y en el mundo. Toman el liderazgo en su respuesta a desastres y situaciones de emergencia inesperadas. El liderazgo laico y pastoral ven el "dar más allá de nuestras paredes" como indispensable para el discipulado cristiano y la misión y vitalidad de la congregación. Buscan más y mejores oportunidades para impactar en las vidas de otras personas a través del apoyo y alcance de la congregación. Desarrollan asociaciones misioneras, agencias de apoyo para la asistencia de los pobres, subvencionan grupos de misión, becas, proyectos de servicio, el comienzo de nuevas iglesias y otros ministerios que transforman las vidas de otras personas. Hacen la misión de la iglesia real, tangible y significativa. Su reputación de generosidad se extiende más allá de la congregación y alcanza la comunidad y la conferencia.

Las iglesias que crecen en sus dádivas saben que la generosidad se incrementa con la participación en el ministerio y en la comunidad, y por esto actúan con intensidad en los ministerios claves de la adoración, aprendizaje en grupos pequeños y en la misión. Saben que muchas iglesias no tienen suficientes recursos porque no proporcionan ministerio y misión adecuados. En vez de obsesionarse por lo que reciben, en sobrevivir y en mantenimiento, están continuamente volviendo a su enfoque principal de cambiar vidas, alcanzar a nuevas personas y ofrecer una misión significativa. Al crecer en ministerio, los dones aumentan.

Las congregaciones que practican la generosidad extravagante no sólo se dirigen a los adultos nuevos en la fe y a los miembros de siempre que tienen que crecer en su generosidad, también ensanchan, modelan y cultivan la generosidad entre los niños y niñas y la juventud. La clases de la escuela dominical, ministerios de guardería después de la escuela, Escuela Bíblica de Vacaciones, ministerios de jóvenes –todos estos servicios son oportunidades para ofrendar individualmente o trabajar en grupos para alcanzar una meta ministerial que es significativa, tangible e imperiosa. En vez de recolectar la ofrenda de una manera rutinaria y superficial, los líderes de los niños y jóvenes explican, enseñan y conectan la acción de dar con la obra de Dios. Se les enseña a los niños y jóvenes a ganar, gastar, ahorrar y dar con responsabilidad. Se anima a los padres a que enseñen a sus hijos cómo dar. Las congregaciones proporcionan a los padres ideas, sugerencias y prácticas que alientan la generosidad de niños y jóvenes de todas las edades.

Las congregaciones que cultivan la generosidad invitan a los jóvenes adultos a que lideren y planifiquen. Consideran pautas de contraste de ganancias, gastos y ofrendas entre las diferentes generaciones. Acomodan los métodos empleados por la iglesia para recibir ofrendas y compromisos económicos con el estilo de vida de "sin efectivo y sin cheques" de los miembros que utilizan más la tarjetas de crédito, el Internet y las transferencias bancarias automáticas.

Las iglesias que toman en serio el aumento de la generosidad como una disciplina espiritual ofrecen ministerios que ayudan a las personas a entender y a lidiar con los riesgos de una sociedad materialista y de consumo. Ofrecer seminarios, clases y retiros para asistir a las personas con excesivas deudas, planificación financiera, planificación de posesiones o a preparar su testamento. Algunas ofrecen grupos de apoyo para personas en bancarrota, adictas a los juegos de azar, o desempleadas. Otras practican la vida sencilla, invierten en proyectos sociales, y responsabilidad medioambiental. Los seguidores de Cristo están inmersos en una cultura amplia, y las iglesias que enseñan la práctica de la generosidad como disciplina espiritual sienten la obligación de vincular las verdades espirituales con los desafíos y decisiones de la vida diaria.

El liderazgo pastoral y laico de las iglesias que practican la generosidad extravagante aprenden y se adaptan constantemente y mejoran sus métodos de comunicación y enseñanza en cuanto al dar. Asisten a clases, leen materiales, utilizan consultores, estudian las Escrituras, aprenden en cuanto a las tendencias sociales y pautas del dar, y colaboran con otras iglesias, no solamente para aprender nuevas técnicas, sino también para profundizar en el conocimiento teológico de la generosidad y para fomentar el impulso caritativo e inspirar la dádiva filantrópica.

Las iglesias que cultivan la generosidad extravagante no sólo proporcionan oportunidades a sus miembros para que den anualmente y en ofrendas especiales para apoyan los ministerios de la iglesia, también alientan y enseñan a los miembros a considerar legados, dotaciones y planificación de estado. Recuerdan a los miembros la importancia de apoyar a la iglesia en sus testamentos y bienes inmobiliarios. Hacen del compartir los legados algo fácil, proporcionando información y recursos a las personas para que en oración pongan a la iglesia como beneficiaria de dotaciones especiales. Encuentra maneras de expresar apreciación hacia esos que incluyen a la iglesia en sus legados. Los pastores desarrollan formas no forzadas de iniciar conversaciones con los miembros más antiguos para que planifiquen adecuadamente. Tales iglesias saben que los ministerios futuros dependen de la generosidad de miembros presentes.

Las iglesias que maduran la práctica de la generosidad extravagante toman seriamente la mayordomía de los recursos que los miembros les confían. Son extraordinariamente precavidas a la hora de proteger la integridad de sus sistemas de finanzas, proporcionan controles adecuados para las personas que llevan las cuentas, preparan informes financieros precisos y de forma regular para los líderes de la iglesia y para cualquier otra persona que los solicite, y realizan auditorías anuales ante los síndicos y oficiales pertinentes. Operan con transparencia, sabiendo que la confianza es la moneda del liderazgo financiero en la iglesia y que la confianza en los motivos y competencias del personal y voluntarios es esencial para cultivar el dar. Los pastores y los laicos designados conocen los detalles financieros, saldos de cuentas, pautas en el dar y el presupuesto de la iglesia, y pueden comunicar con detalle y precisión el estado financiero de la iglesia.

En las iglesias que se practica la generosidad extravagante, el pastor diezma. Los líderes laicos diezman u ofrendan proporcionalmente con la meta de diezmar. La ofrenda proporcional con la meta del diezmo, independientemente de los ingresos, se convierte en expectativa de esos que sirven en el Comité de Finanzas y en cualquier otra posición de liderazgo de la iglesia. La madurez espiritual que surge del aumento del dar y el extraordinario compromiso que resulta del diezmo clarifica el propósito y da mayor integridad a todos los ministerios de la iglesia.

La práctica de la generosidad extravagante es fruto de la madurez en Cristo, el resultado de la gracia santificadora de Dios que moldea nuestros corazones y cambia nuestros valores y hábitos de comportamiento. La generosidad extravagante apoya las otras prácticas, al ayudar a la iglesia a cumplir el ministerio de hacer discípulos de Jesucristo de manera vigorosa y con fruto, al abrir el mensaje del amor de Dios en Cristo a más personas ahora y en la generaciones futuras.

Preguntas para la conversación:

* ¿Qué piensa de la enseñanza de su iglesia en cuanto al dinero? ¿Qué valores y temas guían los esfuerzos de su iglesia al alentar a la congregación a ofrendar y diezmar? ¿Cómo se siente en cuanto a la fidelidad de su iglesia con el dinero?

* ¿Cómo le ha tocado la generosidad de otra persona e influido su práctica de ofrendar? ¿De quién aprendió a ser generoso? ¿Quién continúa influyéndole para ser más generoso?

* ¿Cuándo ha disfrutado más dando dinero? ¿Qué es lo que hizo esta experiencia agradable, memorable y significativa? ¿Cómo se siente a la hora de dar para el ministerio de la iglesia?

Actividad de grupo

Haga que su grupo o clase enumere lo que perciben son los cuatro valores troncales más importantes de la congregación –los principios esenciales y perpetuos que son fundamentales que mantendrán en cualquier circunstancia. Después enumeren los cuatro valores más dominantes de su cultura como aparecen en revistas, televisión, anuncios publicitarios, negocios, celebridades, deportes, política y moda. Hablen sobre cómo estos valores opuestos influyen en las decisiones que tomamos en cuanto al dinero, el dar y ofrendar y la fe.

CAPÍTULO SEXTO

EXCELENCIA Y MUCHO FRUTO

"En esto es glorificado mi Padre: en que llevéis mucho fruto y seáis así mis discípulos" (Juan 15:8).

1.

Para cumplir el ministerio de Cristo, las congregaciones deberán cambiar, crecer y adaptarse a formas que tengan propósito, sensata y fielmente. Los cambios no son fáciles. Las personas no temen los cambios tanto como temen las pérdidas, o dejar patrones de comportamientos y actitudes confortables y familiares. Cambiar por cambiar o por preservar la institución no es suficiente. Los cambios toman muchas formas, y cada congregación deberá hallar su propio sendero.

Al repetir, profundizar, expandir y mejorar estas cinco prácticas básicas del ministerio congregacional, las iglesias cambian, crecen y aprenden. Impregnadas por el propósito de hacer discípulos para Cristo, las iglesias descubren nueva vida, dejan de lado a quienes limitan el ministerio y abrazando con entusiasmo a quienes invitan a las personas a una relación con Cristo. Se prestan a que el Espíritu Santo las modifique, reviva y reforme para servir en los contextos cambiantes de las necesidades de las personas. Conforme acogen y reciben a las nuevas personas que crecen en la fe y en la práctica del amor, las congregaciones respiran de nuevo con un sentido de confianza y de futuro vigorizante y de ánimo.

2.

Hace seis años, dos Iglesias Metodistas Unidas estaban separadas por una distancia de unas nueve millas, las dos en conjunto tenían una asistencia de poco menos de cien personas. Ambas tenían dificultad para pagar el salario completo y beneficios de sus pastores, estaban en edificios que se deterioraban y resultaban muy caros de mantener. Una de las congregaciones estaba formada por unas pocas familias jóvenes, y a la otra, con más miembros, le resultaba difícil mantenerlos. Al atender una reunión de padres y maestros, uno de los miembros de una de las iglesias se encontró con otro miembro de la otra iglesia, cada uno expresó su frustración y desesperación sobre el futuro de sus congregaciones. Uno sugirió, "Deberíamos unir nuestras iglesias o tratar de hacer algo para resolver la situación. Quizás podamos hacer más juntos que por separado". De esta forma se dio origen a conversaciones importantes y planteamientos serios para ambas iglesias.

En poco tiempo, invitaron a un consultante de la denominación a participar en las conversaciones. Su consejo no era a favor de la unión de las congregaciones, sino que propuso algo más radical aún. Sugirió que cerraran las dos iglesias y que miembros de ambas iglesias trabajaran con la denominación para empezar una iglesia nueva. "Morir para vivir otra vez" parece una buena idea teológica, pero el concepto no pareció práctico ni de ayuda a ningunas de las congregaciones. El consultor proporcionó reportes demográficos y los miembros se dieron cuenta que vivían en un área rural con 14.000 personas con ganancias per capita por debajo de la mitad de las del resto del estado, lo que hacía de ese condado uno de los más pobres del estado. Aproximadamente un tercio de la población del condado estaba conectado con iglesias, otro tercio estaban en relación pero sin compromiso (personas que atienden solamente durante las Navidades y Semana Santa), y el otro tercio sin ninguna afiliación. Se pidió a los miembros de estas congregaciones que oraran en cuanto a estas nuevas ideas y que reflexionaran sobre las sugerencias y reportes.

Cada congregación envió representantes para visitar otras congregaciones con experiencias pasadas similares y que se organizaron tras cerrar congregaciones del área. Los líderes de la iglesia hicieron sus deberes, consideraron los costos, los problemas, los asuntos de pobreza y de identidad de la congregación.

También visualizaron las posibilidades, el resurgimiento en espíritu, y las oportunidades de alcanzar a otras personas. Las dos iglesias tuvieron muchas conversaciones y debates. Y con el tiempo llegaron al consenso de deberían proseguir con ese plan.

Unos meses más tarde, cada congregación dedicó tiempos de celebración y acción de gracias por la historia y ministerio de sus iglesias. Ambas realizaron cultos finales y cerraron las puertas de sus iglesias por última vez. Su pastores fueron asignados a diferentes congregaciones y su mudaron a otras partes del estado. Los miembros de la iglesia estaban entusiasmados y temerosos a la vez, esperanzados y cautelosos. Expresaron su tristeza por las pérdidas que resultaron de sus decisiones: el cierre de los santuarios, el dejar que sus únicas identidades se disiparan, y la pérdida de su manera distintiva de adoración.

Se asignó un nuevo pastor al área y se le dio la tarea de empezar una nueva congregación. El pastor estaba en sus cincuentas, había tenido un ministerio exitoso y ahora había comenzado a estudiar cómo comenzar nuevas iglesias. Se sometió voluntariamente a una serie de eventos de capacitación, grupos de trabajo y seminarios en cómo comenzar nuevas iglesias, evangelización, comunicaciones y otros temas relacionados. En un período de unos pocos meses, la nueva iglesia de inauguró. Aún cuando muchas personas vinieron de las dos iglesias antiguas, la nueva iglesia atrajo también a otras tantas que no tenían afiliación a ninguna iglesia. Los líderes buscaron terreno para construir que estuviera bien ubicado, fuera visible y accesible a personas de toda la región. Terminaron la primera fase de la construcción que incluía un edificio de adoración que se podía usar para actividades múltiples, con salones para los niños bien decorados, una cocina de grado comercial y oficinas. Construyeron el edificio con material de acero, no sólo en vista a reducir el costo, sino también, como un miembro lo expresó, "Muchas personas que no asisten a ninguna iglesia se sienten intimidadas en iglesias tradicionales, pero se sienten más cómodas cuando entran en un edificio como éste. Juan Wesley predicó fuera, en los campos, para alcanzar a las personas, y nosotros creemos que podemos llegar mejor a las personas de este condado con un edificio sencillo y funcional". Prácticamente toda decisión en cuanto a la ubicación, el edificio, las horas de los cultos, las señalizaciones y la página de la red se moldearon teniendo en cuenta la pasión creciente de llegar a las personas que no asistían a una iglesia. Los líderes de la congregación estaban eufóricos con su sentido de propósito: "presentar el evangelio no alterado de Cristo de maneras innovadoras en una cultura cambiante".

Cuatro años después de la inauguración, Trinity United Methodist Church en Piedmont, Missouri, cuenta con una asistencia promedio de 250 personas en sus cultos, y con más de 400 personas que asisten a los cultos especiales en Semana Santa y Navidad. La Escuela Bíblica de Vacaciones más reciente llegó a casi 200 niños y niñas. Se habla del ministerio de niños en todo el condado. Los miembros de la iglesia llevan la práctica de la hospitalidad al extremo y contaban, invitan y asimilan a las visitas dentro de sus variados ministerios. La adoración es informal y sencilla, pero maravillosamente auténtica, poderosa y apasionada. Cada otoño, además de los estudios de la Biblia y ministerios de pequeños grupos, ofrecen un estudio a toda la iglesia para conectar cada uno con grupos de formación de fe. Recientemente, utilizaron *Transformed Living* (Abingdon Press, 2006). La congregación apoya activamente a misiones globales y busca maneras en las que pueda utilizar los dones y talentos de la congregación en el servicio a otras personas. Aun cuando la iglesia sirve uno de los condados más pobres de Missouri, sus ofrendas per capita exceden a muchas congregaciones en zonas más afluentes del estado. Su asistencia ha crecido en un condado con una población estable, han iniciado nuevos ministerios y levantado edificios en un área con bajos ingresos y salarios fijos. Los miembros de esas dos iglesias antiguas, muchos de ellos en sus años de madurez, han participado en la creación de un ministerio floreciente para niños y niñas y para la juventud. En formas ejemplares, han practicado la hospitalidad radical, la adoración apasionada, el desarrollo intencional de la fe, misión y servicio arriesgados y la generosidad extravagante. El resultado es una congregación vibrante, con fruto y en crecimiento que hace discípulos de Jesucristo.

En una visita con los miembros laicos de Trinity United Methodist Church, me sorprendió su pasión por alcanzar a otras personas y su confianza en cuanto al futuro. Hablan constantemente de cómo será la iglesia en cinco o diez años como resultado de sus ministerios. "Amamos a nuestro pastor", dijo uno de los miembros, "pero desde el principio nos dimos cuenta que este esfuerzo pertenecía a nosotros. Dios nos dio la visión y esta tarea, y nos sentimos contentos de tener un pastor que desea trabajar con nosotros para ayudarnos a alcanzar la meta".

Si nueva vida, propósito, confianza, y fruto pueden llegar a una congregación en el área rural de Piedmont, en Missouri, lo mismo puede ocurrir en cualquier lugar.

3.

La Conferencia de Missouri de la Iglesia Metodista Unida se compone de 900 congregaciones. El veinte por ciento de la asistencia a los cultos de la conferencia se concentra en 21 de las congregaciones más grandes. Otro veinte por ciento de asistencia se da en 570 congregaciones pequeñas. Las 21 congregaciones más grandes crecen con un promedio del 4 por ciento anualmente. Las 570 congregaciones pequeñas sufren un declive de un 6 por ciento anualmente. Cerca del 70 por ciento de las congregaciones reportan que su asistencia al culto de adoración se mantiene igual o está disminuyendo, y la mayoría de los pastores no han servido en congregaciones que han reportado crecimiento en asistencia durante su pastorado.

La edad media de los miembros de la Iglesia Metodista Unida es de cincuenta y ocho años, cuando la edad media de la población de Missouri es de treinta y seis. En muchas de las iglesias, las personas en sus cincuentas constituyen los miembros más jóvenes. El censo estatal en Missouri muestra que el 24 por ciento de la población tiene menos de dieciocho años de edad. Si la composición de nuestras congregaciones concordara con la de la población a la que servimos, en iglesias con 200 personas de asistencia consistirían de 50 niños y niñas presentes, y las iglesias con 1000 miembros verían cerca de 250 niños y niñas correteando por sus pasillos.

En los últimos cuarenta años, los metodistas unidos en Missouri han perdido 80.000 personas cuando la población del estado a aumentado casi un 30 por ciento durante el mismo período. Hay unas 150 congregaciones menos en Missouri ahora que hace cuarenta años. ¿Dónde han ido esas personas? No puede ser que todas se enojaran y se fueran; simplemente se hicieron mayores y fallecieron, y nadie las reemplazó. Este problema de disminución en la asistencia y membresía no es con "la puerta de salida", sino con "la puerta de entrada". Hemos fallado en traer nuevas personas a nuestras iglesias, y hemos obrado pobremente en la preparación de la próxima generación.

Antes de que los lectores juzguen el metodismo de la conferencia de Missouri, deben saber que las tendencias estadísticas y las realidades demográficas de Missouri lo sitúa en el medio entre las conferencias de la Iglesias Metodista Unida de los EE. UU. Más de la mitad de las conferencias en los EE. UU. reportan peores estadísticas que estas, y de la mitad de las que reportan mejores cifras, sólo un manojo de ellas experimentan crecimiento real en membresía y asistencia.

Algo deberá de cambiar. Las congregaciones de la Iglesia Metodista Unida no pueden continuar haciendo los que han estado haciendo hasta ahora y tener la esperanza que esta tendencia descendiente dé la vuelta. Para muchas iglesias, el aumento de la edad media de la membresía, el aumento de costo del personal y edificios, y la disminución en la asistencia ha llegado al punto donde no tienen los recursos humanos ni financieros para cambiar de dirección radicalmente.

Está resultando más difícil para los metodista unidos ignorar las presentes palabras de nuestro fundador, Juan Wesley, quien escribió en 1786, "No tengo temor de que el pueblo llamado metodista deje de existir alguna vez en Europa o en Norteamérica. Mi temor es que lleguen a permanecer como una secta muerta, como una forma de religión sin poder" ("Pensamientos sobre el metodismo").

Las respuestas a estos problemas no se da en forma sencilla con nuevos programas de fácil uso o por medio de la adopción de un nuevo eslogan. Culpar, nombrar un chivo expiatorio, negar, justificar o ignorar no son de ayuda y no producirán resultados positivos. Las amenazas más sustanciosas a la misión de la iglesia no vienen de los seminarios, los obispos, las juntas generales, las complejidades del sistema de ordenación, el sistema de asignación, las asignaciones garantizadas, o conflictos entre conservadores y liberales, aunque todos estos merecen la consideración adecuada si la iglesia ha de avanzar a un nuevo futuro. Las amenazas más significativas vienen de la falta a llevar a cabo las actividades básicas del ministerio congregacional de una manera ejemplar.

Desplegar una nueva cultura congregacional de genuina hospitalidad, adoración auténtica, desarrollo de la fe significativo, alcance para cambiar vidas y la extraordinaria generosidad no egoísta requiere un cambio profundo de actitudes, valores y comportamientos en muchas iglesias. Los cambios no ocurren rápidamente o sin previo dolor. Y con todo, a través de la conexión, hay cientos, y quizás miles, de iglesias como la Trinity United Methodist Church en Piedmont, Missouri, que han experimentado una profunda renovación y vida nueva.

Las iglesias pueden cambiar. Por la gracia de Dios, las iglesias pueden salir de su situación en fe y en direcciones radicalmente nuevas. Pueden plantar un futuro diferente de su pasado reciente. Su habilidad de pasar a ser congregaciones vibrantes, con fruto y en crecimiento es directamente proporcional a su deseo de poner por obra las cinco prácticas de una manera consistentemente ejemplar.

4.

La hospitalidad radical. La adoración apasionada. El desarrollo intencional de la fe. Misión y servicio arriesgados. La generosidad extravagante. Estas cinco prácticas son críticas para el éxito de las congregaciones, de tal manera que si no se practican de una manera ejemplar lleva al deterioro de la misión de la iglesia. Ignorar cualquiera de estas tareas o practicarlas mediocremente, con inconsistencia o de manera pobre traerá eventualmente el declive de la iglesia y el intento se desvanecerá.

Las congregaciones vibrantes, con fruto y en crecimiento no solamente llevan a cabo estas prácticas adecuadamente; las poner en práctica de maneras ejemplares, aprendiendo, mejorando y sobresaliendo constantemente. Fruto y excelencia caracterizan cada ministerio de la iglesia. El fruto como metáfora del cumplimiento y realización del propósito profundamente grabado en nuestra historia de fe. Las Escrituras están repletas de historias que mencionan campos y cosechas, viñas y ramas, cepas y vástagos, árboles e higos. Estos nos proporcionan un lenguaje de fe para poder entender el liderazgo cristiano eficaz y proporcionarnos imágenes vívidas para aprender los resultados y consecuencias de nuestras aspiraciones, compromisos y obra de la fe.

La expectativa del fruto comienza en el primer capítulo del Génesis cuando Dios dijo a la humanidad, "fructificad y multiplicaos". El fruto humano es respuesta al generoso fruto de Dios al crear los cielos y la tierra y todo lo que hay en ellos. La expectativa de fruto se extiende hasta el último capítulo de Apocalipsis en el que el autor describe la nueva creación con un río de vida que fluye a través de la ciudad santa. A cada lado del río estaba el árbol de vida con doce tipos de fruto, dando fruto cada mes y sus hojas eran para la sanidad de las naciones.

Jesús enseñó en cuanto al fruto por medio de historias y dichos en los cuatro evangelios. En Mateo, Jesús describe la vida del discípulo en términos de la producción de fruto. Dice, "Así, todo buen árbol da buenos frutos, pero el árbol malo da malos frutos...Todo árbol que no da buen fruto, es cortado y echado al fuego. Así que por sus frutos los conoceréis" (Mateo 7:17-20). El impacto que ocasiona cada persona florece de las cualidades interiores, motivo y relación con Dios.

Marcos nos cuenta que Jesús sintió hambre al ver una higuera, y que la maldijo por no tener fruto (Marcos 11:12-14). Lucas relata la parábola de un sembrador que sembró su campo. Parte de la semilla cayó sobre la piedra, otra parte se secó y otra fue ahogada por espinos, pero la que cayó en buena tierra germinó y produjo abundante cosecha. Jesús dijo, "el que tiene oídos para oír, oiga" (Lucas 8:4-8). A pesar de los inevitables obstáculos y intentos fallidos, los discípulos trabajan con ahínco y con esperanza, confiando la cosecha a Dios.

En el evangelio de Juan, Jesús describe la relación entre la vida con Dios y el fruto. "Yo soy la vid, vosotros los pámpanos; el que permanece en mí y yo en él, este lleva mucho fruto, porque separados de mí nada podéis hacer...En esto es glorificado mi Padre: en que llevéis mucho fruto y seáis así mis discípulos" (Juan 15:5-8).

Los discípulos de Cristo produjeron muchos frutos del Reino. Sanaron, enseñaron y sirvieron. Se enfrentaron a la maldad, buscaron justicia y actuaron con misericordia. Ofrecieron el perdón de Dios y proclamaron el reino de Dios. Cambiaron vidas, al llevar en sus palabras y obras el mensaje del amor divino en Cristo, y formaron comunidades de seguidores. El don del Espíritu Santo estaba en ellos porque estaban conectados con Dios a través de Cristo. La vida en Cristo y el fruto están intrínsecamente unidos.

Conforme Juan Wesley estableció las prácticas que dieron lugar a los ministerios transformadores de vidas de los primeros metodistas, espolvoreó sus enseñanzas y escritos con claras expectativas de fruto. Para las personas que consideraban dedicarse a la predicación o al liderazgo las preguntas de Wesley frecuentemente se simplificaban de la siguiente manera, "¿Hay fe? ¿Hay pasión? Y, ¿hay fruto?".

Wesley demandaba evidencia de gracia, dones y fruto en el ministerio. La pregunta de examen de los primeros metodistas, "¿Tienen gracia para el ministerio?" se centra en el conocimiento de los candidatos del perdón y amor de Dios, de su deseo por nada que no sea Dios y su experiencia de la presencia santificadora de Dios. "¿Tienen dones tanto como gracia para la obra?" llevaba a la consideración de las habilidades naturales y los talentos adquiridos de los candidatos, su profundo entendimiento y facilidad para comunicar justamente, fácilmente y claramente.

"¿Tienen fruto en su ministerio?" era la forma que Wesley tenía de probar eficacia y de evaluar lo que la obra de una persona producía para el reino de Dios. "¿Han convencido o afectado a alguna persona, de tal forma que han recibido el perdón de Dios y un claro y permanente entendimiento del amor de Dios? ¿Es ese candidato un instrumento de la gracia de convicción, justificación y santificación de Dios?" Wesley esperaba que los predicadores y líderes metodistas fueran espirituales, con talento y eficaces.

El fruto en las congregaciones conlleva la eficacia en el cumplimiento de la misión y propósito que Dios les ha otorgado. La misión de la Iglesia Metodista Unida es hacer discípulos de Cristo para la transformación del mundo. ¿Están fructificando las congregaciones en esta tarea?

Las congregaciones cumplen con este propósito cuando llevan a cabo las cinco prácticas de una manera ejemplar: a través de la hospitalidad radical, las congregaciones salen y ofrecen la invitación y acogida de Cristo; Dios moldea corazones y mente a través de la adoración apasionada, al crear el deseo de una relación más íntima con Cristo; por medio del desarrollo intencional de la fe, el Espíritu de Dios ayuda a las personas a responder a las necesidades de otras al discernir el llamamiento de Dios, el cual resulta en misión y servicio arriesgados; y conforme las personas continúan su crecimiento en la gracia, ponen más de lo que son y de lo que tienen bajo el señoría de Cristo, al practicar la generosidad extravagante. Estas prácticas se presentan en orden de pensamiento en vez de en una secuencia necesaria o distintiva pues la gracia previniente, justificadora y santificadora está en funcionamiento en cada estado de la fe, y las personas experimentan todo esto en varios niveles por su peregrinaje en la fe.

Si ésta es la manera en que las Iglesias Metodistas Unidas cumplen su misión de hacer discípulos de Jesucristo, ¿qué tal la estamos llevando a cabo? ¿Permitimos con fruto y fidelidad que Dios obre a través de nosotros para impactar en las vidas de otras personas?

A pesar del uso común de fruto en las Escrituras y en la práctica de Wesley, muchas personas responden negativamente en su aplicación en las iglesias. Argumentan que el ministerio no puede reducirse a medidas cuantificables y a resultados y que la eficacia de la vida de una iglesia no puede plasmarse con números. Creen que los pastores y las congregaciones que aspiran a un crecimiento visible han sido seducidos por la cultura idólatra americana de tamaño y competición y que las comunidades de fe que se adaptan al cambios culturales para ser relevantes a las personas comprometen enseñanzas espirituales fundamentales.

Mientras que el fruto no se puede reducir a números, los números son importantes. Los números representan a personas —cada número es una persona que es joven o madura, casada o soltera, nueva en la fe o ya bien establecida en ésta, rica o pobre, inmigrante o ciudadana. Cada uno es el hijo o hija de alguna persona, hermano o hermana, amiga o vecina. Cada uno representa una persona por la que Cristo dio su vida. En Cristo, cada una es hermana o hermano de cada uno de nosotros. Cada persona está buscando significado para sus vidas; necesita una comunidad; y lidian con la esperanza y la desesperación, gozo y dolor, vida y muerte. Cada una tiene una historia, un trasfondo y un futuro que son infinitamente importantes a los ojos de Dios. Cada número es una persona con la que Dios desea tener una relación, y Dios ha dado el aliento de vida a las congregaciones para que alcancen a estas personas. ¿Cómo sabemos que tres mil personas fueron añadidas a la comunidad de la iglesia en el día de Pentecostés? (Hechos 2:41). Porque alguien pensó que este hecho era suficientemente importante para anotarlo y mantener el registro de este evento por dos mil años. Si los números no son importantes, tampoco lo son las personas.

Y mientras algunas personas rechazan intentos por cuantificar explícitamente la eficacia de la vida congregacional, la mayoría de las personas intuitivamente valoran el crecimiento en el ministerio. Cuando los miembros piensan juntos acerca del futuro de su congregación, ¿cómo esperan que su comunidad de fe sea dentro de quince años? ¿Cómo piensan que su iglesia sería si todas sus esperanzas más importantes, oraciones más fervientes y trabajo más arduo produjeran frutos más allá de lo esperado? ¿Tendrían estas congregaciones menos miembros, menos jóvenes y niños, o no tendrían ningún miembro nuevo? ¿Sería esta iglesia más débil, más pequeña, con más personas ancianas, lista para cerrar sus puertas? Por supuesto que no. Implícitos en las esperanzas y los corazones de las personas está el deseo de transmitir la fe a otras que vienen detrás y a generaciones posteriores. Las personas anhelan que sus congregaciones estén vivas, que crezcan, llenas de gente, con confianza en el futuro y que impacten en las vidas de más y más personas.

No todas las iglesias deben anhelar llegar a ser una mega-iglesia, y no todas las iglesias serán grandes. Las congregaciones no deben considerarse fracasadas si no son iglesias enormes. Dios las utiliza de todos los tamaños para poder alcanzar a las personas. Sin embargo, la fidelidad a Dios demanda que las iglesias inviten a nuevas personas, que cultiven la fe en las próximas generaciones, que compartan la buenas nuevas de Cristo, y que cambien las vidas de más y mas personas alrededor de ellas.

Las clases de la escuela dominical, coros, y otros pequeños grupos de ministerios que están menguando, o que están alcanzando a las mismas personas que alcanzaron hace diez años, deben hacerse la pregunta de por qué ocurre esto. Con el conocimiento de las expectativas bíblicas de producir fruto, se podrían preguntar cómo podrían cambiar sus prácticas para invitar, recibir y profundizar en la fe de más personas que no asisten a ninguna iglesia. Si no están dispuestas a cambiar los hábitos y actitudes que les impiden crecer, deberán preguntarse cómo podrían utilizar sus dones y liderazgo para ayudar a empezar otros grupos. ¿De qué otra manera continuará la fe que las mantiene más allá de la vida de la congregación?

En ocasiones algunos afirman, "Dios anhela nuestra fidelidad no nuestro fruto". Los que siguieren este pensamiento podrían beneficiarse de un estudio por la noche con una Biblia y una concordancia, para buscar todas la referencias que contengan fruto, cosecha, viñas y semillas. Ser fructífero es claramente una expectativa de los discípulos cristianos. Las enseñanzas de Jesús consistentemente presentan la expectativa de que sus seguidores son mayordomos y que Dios les ha confiado algo. Dios espera que los seguidores devuelvan eso que se les ha confiado y más. Todos los pastores y laicos entran en las congregaciones en un punto de la vida de éstas y la dejan en otro punto después de varios años o décadas de participación y liderazgo. Algunos están involucrados con una congregación uno o dos años y después se van, otros pasan toda una vida en la misma iglesia. Dios confía a las congregaciones el ministerio de Cristo y "nos dio el ministerio de la reconciliación" (2 Corintios 5:18). Cuando dejamos una congregación (bien porque nos mudamos de ciudad, por enfermedad o fallecimiento), ¿es la congregación más fuerte que cuando llegamos a ella? Dios espera fruto tanto como fidelidad.

El fruto y la fidelidad no se excluyen mutuamente. Si la única manera de mantenerse fiel es devaluar el fruto, o aún peor, si la falta de fruto es indicativa de la ausencia de fidelidad, ¿adónde, entonces, nos lleva este razonamiento? Si esto fuera así las multitudes que se reunieron para escuchar el Sermón del Monte y las cinco mil personas que esperaron todo el día para que Jesús partiera el pan serían prueba de la infidelidad de Jesús, pues esto sería evidencia de que Jesús era complaciente, comprometía la importancia del evangelio o incluso diluía la importancia al evangelio. Juan Wesley y los primeros metodistas serían de sospechar; el crecimiento rápido del movimiento metodista probaría que el evangelio es impuro y diluido por expresiones culturales atractivas. Las personas que fundaron las congregaciones a las que pertenecemos y que levantaron los edificios donde nos congregamos se considerarían infieles si pensamos que la fidelidad y la producción de fruto se excluyen mutuamente.

No todas las iglesias producen el mismo fruto, y no todo fruto tiene la misma apariencia. Un obispo compartía conmigo sus percepciones en cuanto al ser fructífero. Describió cómo a veces uno tiene que subirse a un árbol, trepar a una rama y estirarse para poder alcanzar una manzana.

Lo que la ilustración de la manzana sugiere en cuanto al discipulado es cierto. Hay situaciones en las que cualquier pequeño paso hacia un ministerio fructífero en el nombre de Cristo se da lentamente y cuesta un gran esfuerzo, una estrategia cuidadosa y un alto riego. Pero se dan otras situaciones en las que la cosecha es tan evidente que nos sentimos obligados a pedir perdón a Dios por haber hecho más en esos momentos en los que la cosecha estaba era tan abundante.

El fruto toma muchas formas —el cuidado creciente del uno por el otro en una congregación cuando se produce un conflicto, la fe que se hace más profunda en un grupo que madura en Cristo, la eficacia creciente de una iniciativa misionera que cambia vidas. Aún en estos contextos, el aumento del amor, la fe y el servicio no justifican dejar de lado la tarea que hemos recibido de Dios de invitar e involucrar a otras personas y compartir con ellas

las buenas nuevas de que Dios ha satisfecho nuestras más altas esperanzas y profundas necesidades en Jesucristo.

Recientemente, asistí a un culto en el que se celebraba la jubilación de un pastor que había servido en congregaciones metodistas por casi seis décadas. Una de las personas que estaba honrando su ministerio dijo, "Cada vez que devolvía las llaves al final de su asignación a una iglesia, la congregación era más robusta y su ministerio mayor que cuando se le entregaban las llaves al comienzo de su nueva asignación". El fruto y la fidelidad se complementan y apoyan mutuamente.

¿Es justa la expectativa de producir fruto en las congregaciones y de considerarnos responsables ante los otros miembros de la congregación para cumplir las tareas que generan un ministerio fructífero? ¿Es justo proponer metas que expresen explícitamente el deseo de aumentar el ministerio? No sólo es justo, es, además, fiel y necesario.

Utilizar el lenguaje de producir mucho fruto resulta en que las congregaciones saben claramente cuáles son los resultados que desean obtener. Cuando las congregaciones no son claras en cuanto a sus resultados y objetivos, recurren a medir aportaciones, esfuerzos y recursos para poder evaluar su éxito en el ministerio. Una iglesia con doscientos miembros puede afirmar que su ministerio de jóvenes es prioritario y es uno de los pilares fuertes de su congregación. Puede que se consideraren extremadamente exitosos con los jóvenes. Justifican su evaluación al describir que tienen un director de jóvenes a tiempo completo, voluntarios magníficos que apoyan a los jóvenes, un gimnasio en excelente condiciones y una sala para los jóvenes, transporte para los jóvenes y un buen presupuesto para viajes. Pero ¿qué ocurre si sólo asisten seis jóvenes? Supongamos que ninguno de estos aprende a orar, se familiariza con las Escrituras, asiste con la adoración, o sirve en un proyecto de misión. La iglesia mide sus aportaciones no el fruto que produce para evaluar su fuerza. El fruto dirige nuestro enfoque a lo que podemos alcanzar para los propósitos de Dios y corrige la tendencia a felicitarnos a nosotros mismos por todo el trabajo, recursos y personas que dirigimos a una tarea mientras ignoramos o negamos que esos esfuerzos puede que estén impactando muy poco. Centrarse en el fruto nos mantiene fieles a nuestros propósitos, y hace que resulte más difícil justificar o defender los ministerios ineficaces y poco productivos.

El lenguaje de producir mucho fruto ayuda a las congregaciones a encaminar sus recursos y centrar sus esfuerzos para alcanzar "a más personas, personas más jóvenes y personas más diversas" (Lovett H. Weems, Jr., *Circuit Rider*, marzo/abril, 2006). Los metodistas unidos piden en oración a Dios que lleguen más personas, personas más jóvenes y personas más diversas a nuestras congregaciones, en busca de la dirección del Espíritu de Dios. Pero con todo no podemos pedir a Dios hacer lo que hemos sido creados para hacer por Dios.

Más personas – Por alguna razón, nos cuesta trabajo expresar esta idea más directamente. Pero si creemos que la fe cristiana puede ayudar a las personas a crecer en una relación con Dios y que puede impactar el mundo, ¿por qué no deseamos que más personas experimenten la fe? Anhelo que más personas adoren a Dios en iglesias y casas, que más personas estudien la Palabra de Dios en clases y retiros, que más personas se ofrezcan en servicio y misión a otras localmente y alrededor del mundo, y que más personas hablen abiertamente para que se haga justicia con los más vulnerables. Mi deseo más grande es que en todas las iglesias, las personas aprendan las historias de fe y crezcan en su entendimiento y experiencia del perdón, compasión y amor y que más personas sientan la presencia sustentadora de Cristo en tiempos de gozo, de dolor, de decisión y de dificultad. Oro para que más personas desarrollen las cualidades de la oración, servicio, bondad, benignidad y generosidad, y para que más personas vivan con esperanza y gozo. Oro para que más personas se ofrezcan en servicio para apaciguar el sufrimiento, corregir la justicia y cambiar las vidas.

No deberíamos disculparnos nunca por orar y servir a más personas para que experimenten y compartan nuestro ministerio en el nombre de Cristo. Este deseo no es egoísta; es un propósito digno de ser tomado en nuestras vidas, y es el propósito troncal de la iglesia. Desear más personas en nuestras iglesias no nos convierte en fundamentalistas, mezquinos, agresivos, estridentes, ni en inoportunos. Es un deseo por el que nuestras iglesias deben ser fervientes, apasionarse, abrirse e incesantemente recibir a otros. Las enseñanzas de Jesús se entrelazan con imperativos: Id... Decid... Enseñad... Haced... Amad... Seguid... Acoged". Las palabras de Jesús están llenas de gracia, de amor y son respetuosas, pero son imperativos. Hay poco margen de error a la hora de entender su urgencia para que nosotros obremos de su parte y alcancemos a más personas.

Personas más jóvenes – Imaginemos una iglesia que decide que alcanzar a personas jóvenes es vital. ¿Constituye esto un nuevo comité? Quizás. Pero, ¿qué ocurriría si la tarea de repensar el ministerio con los jóvenes pasa a ser la misión de cada comité de la iglesia? Debemos ser intencionales en cuanto a adaptar *todos* nuestros ministerios y métodos para que sean pertinentes y de ayuda para la juventud. Debemos invitar a las personas jóvenes al liderazgo y ministerio con nosotros. Hay mucho que aprender. Pero, ¿lo hubiera hecho Dios de otra manera que no sea la de nosotros dar nuestros corazones llenos del amor de Cristo a las generaciones siguientes? Jesús recordó a sus discípulos que no impidieran a los niños acercase a él (Lucas 18:16), y habla con palabras de advertencia a aquellos que hacen tropezar a unos de esos pequeños (Lucas 17:2). ¿Son nuestras pautas y sistemas de ayuda o de impedimento, acogedores o proporcionan obstáculos a la fe para las generaciones más jóvenes?

Un enfoque especial en personas más jóvenes no niega ni abandona los ministerios que se llevan a cabo para las personas de todas las edades. En vez, pone la atención en el hecho de que para muchas congregaciones, los segmentos de la población que permanecen más ausentes y menos atendidos son los niños, jóvenes y adultos con menos de cuarenta años. La mayoría de estos no se involucrarán con una congregación que da forma a todos sus ministerios teniendo en cuenta las necesidades de las personas que ya asisten, que suelen ser los adultos de más edad. Para que las iglesias alcancen a personas más jóvenes se requiere un esfuerzo especial, adaptación y cambio.

Más personas diversas – Hay tantas congregaciones que no reflejan las comunidades a las que sirven. Recientemente, una iglesia descubrió que cerca del 10 por ciento de las familias en su comunidad estaba formada por madres solteras. Pero las madres solteras constituían el 1 por ciento de la congregación. Conocer este dato nos proporciona una clara noción de lo que Dios puede que esté llamando la iglesia hacia dónde enfocar su ministerio y hacerlo más deliberado hacia las madres solteras. Cuanto más se aleja una congregación de reflejar la comunidad a la que sirve –en el promedio de edad, diversidad étnica, ingresos y nivel educativo– más se vuelve en contra de y más pequeño es su impacto en los propósitos de Cristo. La iglesia que continúa centrando toda su energía en un solo y pequeño grupo del espectro social eventualmente llegará al punto de desaparecer. Las iglesias que extienden su ministerio para poder alcanzar a una amplitud mayor de personas cruzando las barreras sociales, económicas, de edad, étnicas, de ingresos, y de educación prosperarán fielmente y con mucho fruto.

Alcanzar a más personas, personas más jóvenes y personas más diversas requiere que las congregaciones cambien sus sistemas, prácticas y actitudes. Así se adentran en su tarea con intención, energía y creatividad extraordinarias. Dejan de poner excusas, rompen con la autocomplacencia y se abren a un futuro mejor. Ofrecen un ministerio que es radical, apasionado, intencional, arriesgado y extravagante. Ejecutan las prácticas críticas de la hospitalidad, adoración, desarrollo de la fe, misión y servicio y generosidad en maneras ejemplares. Recuerden: Si esto puede darse en Piedmont, Missouri, puede darse en cualquier lugar.

5

Las congregaciones vibrantes, con fruto y en crecimiento ponen gran importancia en presentar el ministerio con excelencia. No se conforman con lo mediocre, indiferente, ni con una insuficiencia tolerable. En cada una de las cinco prácticas, ofrecen lo mejor y más alto; continuamente aprenden y mejoran, evalúan y adaptan. Exceden las expectativas; se superan a sí mismas en su entusiasmo por la calidad; y ofrecen hospitalidad, adoración, aprendizaje en comunidad, servicio y misión, y generosidad ejemplares. Las palabras *radicales, apasionados, intencionales, arriesgados y extravagantes* solamente comienzan a describir la calidad distintiva que caracteriza sus ministerios.

La aspiración a la excelencia en el servicio a Dios está profundamente enraizada en la fe que hemos heredado. Dios no creó los cielos y la tierra y dijo, "es aceptable". En vez, las Escrituras describen a Dios tiñendo la creación con superlativos: "Y vio Dios todo cuanto había hecho, y era bueno en gran manera" (Génesis 1:31). A través de las Escrituras, las personas ofrecen lo mejor y lo más alto porque Dios ha dado lo mejor y lo más alto.

Pablo dirige a sus lectores a su capítulo maestro y elocuente del amor con las palabras, "Ahora yo os muestro un camino mucho más excelente" (1 Corintios 12:31). El amor a Dios y al prójimo sobrepasa todo otro esfuerzo.

En Filipenses, encontramos la admonición, "... todo lo que es verdadero... honesto... justo... puro... amable... de buen nombre; si hay virtud alguna, si algo digno de alabanza, en esto pensad" (Filipenses 4:8). Los cristianos deben aspirar al desarrollo de cualidades espirituales ricas y reflejar estas en lo que hacen.

Pablo elogia y anima a la congregación de Corinto por su excelencia: "Por tanto, como en todo abundáis, en fe, en palabra, en conocimiento, en toda solicitud y en vuestro amor por nosotros, abundad también en esta gracia" (2 Corintios 8:7).

En al mayoría de los llamamientos directos de Pablo a la excelencia de los seguidores de Cristo, escribe, "... ya que anheláis los dones espirituales, procurad abundar en ellos para la edificación de la iglesia" (1 Corintios 14:12). La excelencia sirve el propósito de fortalecer el Cuerpo de Cristo para el ministerio.

Los imperativos bíblicos para *sobresalir* no concuerdan con el uso de las corporaciones modernas de la palabra *excelencia*. La motivación espiritual de la excelencia no se deriva de estrategias de mercado, que instan a sobrepasar a los competidores y ganar el afecto del cliente, ni querer ser los primeros aún si se tiene que arrollar a los rivales más débiles para ganar a todo costo. La excelencia no es superioridad, destituir a otros ni buscar reconocimiento.

La excelencia en el ministerio congregacional deriva del sincero compromiso a ofrecer todo lo que se puede para los propósitos más elevados de Dios. La excelencia significa "comportarse como es digno del evangelio de Cristo" (Filipenses 1:27). Significa, "estar firmes en un mismo espíritu, combatiendo unánimes por la fe del evangelio" (Filipenses 1:27). Buscar la excelencia significa cultivar los dones del Espíritu en nosotros y en otras personas al máximo para la gloria de Dios. Valorar la excelencia en el ministerio congragacional conlleva a tomar seriamente las expectativas de Juan Wesley de una gracia santificadora con un fruto exterior y que aceptemos la tarea de toda la vida de buscar una manera más excelente en todo lo que hacemos por Cristo.

En el libro, *Resurrecting Excellence: Shaping Faithful Christian Ministry* (Eerdmans, 2006), Greg Jones y Kevin Armstrong describen la excelencia en el ministerio como una realidad perceptible y palpable. No se percata sólo en "cuerpos, presupuestos y edificios", sino también toma muchas otras formas: el número de personas cuyas vidas se moldean por la adoración, corazones que cambian durante los estudios bíblicos y una vida en comunidad enriquecida por Cristo. La excelencia se puede hacer manifiesta en el número de viajes misioneros y proyectos de alcance que transforman vidas y en el poder y presencia de Dios que se reflejan en indicios de perdón y gestos de reconciliación (p. 5).

En la búsqueda de la excelencia, Jones y Amstrong preguntan, "¿Dónde se manifiestan la presencia y poder de Dios en la vida congregacional, en la vida de esta persona, en el liderazgo pastoral de esta persona?" (p. 6). ¿La vemos en el crecimiento numérico, nuevos programas, y alcance de otras personas? ¿En nuestra extensión de la mayordomía o construcción de nuevos edificios? ¿Se ve en el trabajo arduo de reconciliación del pastor entre las facciones en una comunidad, en el deseo de una comunidad de preocuparse por esas personas que están falleciendo, o en la persistencia de una comunidad en resistir la injusticia y que adopta prácticas de misericordia y justicia? La excelencia toma muchas formas.

La pregunta que guía y motiva a cada pastor, líder de la iglesia, y congregación es, "¿Cómo poder cultivar dones y talentos de la mejor manera posible?"

Al cumplir la misión que Dios ha confiado a las congregaciones, no podemos conformarnos con lo que Jones y Amstrong llaman "mediocridad enmascarada como fidelidad" (p. 23). Las congregaciones vibrantes, con fruto y en crecimiento ejecutan las cinco prácticas en maneras ejemplares porque las repiten constantemente, las mejoran, las pulen, profundizan en ellas y las expanden. Nunca se olvidan de lo importantes que son estas prácticas. Las congregaciones fructíferas no las ignoran, evitan o se distraen demasiado con otras cosas para practicarlas bien.

Aspirar a la excelencia congregacional conlleva a que los pastores y líderes de iglesia examinen las cinco práctica y no sólo se pregunten, "¿Estamos realizando estas actividades?" o "¿Las estamos haciendo bien?", sino también, "¿Las estamos cumpliendo con excelencia, de una manera digna de la misión que Dios nos ha otorgado en Cristo? ¿Estamos ofreciendo lo mejor y más elevado de nosotros?"

¿Es justo tener la expectativa de la excelencia de las congregaciones, pastores y líderes de la iglesia? ¿Cómo se manifiesta la excelencia congregacional, y cómo la cultivamos? ¿Cómo se manifiesta la excelencia en la clerecía y como aspiramos a ella? ¿Cómo se manifiesta la excelencia en el liderazgo laico, y cómo la modelamos?

6.

Cuando cursaba el tercer grado en la escuela, nuestra familia se mudó a Del Río, un pueblecito en el sur de Texas limitando con México. Luteranos de herencia, asistimos a la iglesia metodista en nuestra previa comunidad por su conveniente ubicación cerca de donde vivíamos. En El Río, mi padre trabajaba los domingos por la mañana y mi madre cuidaba a mi hermanita. La primera vez que asistimos al culto, mi padre, hermano y yo fuimos solos, a un culto de oración por la tarde en la first Methodist Church. Las personas reunidas, la mayoría adultos mayores, cantaron himnos del himnario publicado por Cokesbury y el pastor compartió un breve mensaje seguido por un tiempo de oración en silencio en el cual cada persona pasaba adelante y se arrodillaba en el comulgatorio. El culto era sencillo, y las personas muy amigables. Parecían ansiosas por conocernos y nos invitaron a regresar.

Unos días más tarde, dos miembros de la iglesia llamaron a la puerta de casa, mis padres les invitaron a pasar a nuestro pequeño cuarto de estar de la casa que alquilábamos. Dan Lloyd y Hill DeViney nos dieron la bienvenida al pueblo y expresaron su gratitud por la visita a su iglesia. Conocieron a mi madre, le hablaron de la guardería de la iglesia y expresaron su esperanza de que ella también pudiera venir a visitar la iglesia pronto.

Conforme el horario de mi padre lo permitía, nuestra familia comenzó a asistir a la iglesia los domingos por la mañana, nos sentamos en el balcón porque así mis padres se sentían menos cohibidos en cuanto a sus hijos. Un nuevo pastor fue asignado a la iglesia, y aún puedo recordar su primer sermón, en el cual comparó su primer asignación al prefacio de un libro. Tengo muchos recuerdos memorables de mi infancia y juventud –la liturgia de la comunión de no ser dignos, sino de comer las migajas de debajo de la mesa, el coro entonando "Aleluya" del Mesías de Handel en Semana Santa, la campaña de avivamiento en la que el Rdo. Lin Henderson (que más tarde llegaría a ser obispo) me llamó por mi nombre desde el púlpito y me habló de la belleza del nacimiento de Cristo. Recuerdo al señor Palmer en el órgano de la iglesia, la tarea que se me encomendó de recoger las ofrendas, las cenas de la iglesia, las diapositivas de los misioneros, las representaciones de teatro y los musicales que recontaban las historias bíblicas. Fui confirmado cuanto cursaba el sexto grado (después de memorizar el Credo de los Apóstoles, el Padre Nuestro y el Salmo 23) y comencé a asistir a la escuela dominical y al grupo de jóvenes. Se me invitó a la Escuela Bíblica de Vacaciones y me convertí en el experto de los efectos audio-visuales de los programas de la iglesia. Fui a retiros, campamentos, excursiones y proyectos de servicio, todos ellos con el apoyo de los directores de jóvenes y de numerosos voluntarios. Los jóvenes cortaban madera una mañana fría de diciembre para dar a las familias pobres que tenían chimeneas y hornos para quemar madera, hicieron viajes a los hogares de ancianos para cantar para los que residían en ellos y que solamente hablaban español, y fueron a un centro para personas con discapacidades mentales. Hicimos "trick-or-treated" para la UNICEF, lavamos automóviles para recaudar fondos para la Sociedad Americana de Cáncer, y nos turnamos planificando programas para jóvenes semanalmente en torno a la fe y temas contemporáneos. Cuando tenía dieciséis años, el pastor John Wesley Platt predicó un sermón acerca del llamado al ministerio y después me entregó un panfleto con el título, "¿Has sido llamado al ministerio?"

Al pasar los años mis padres se hicieron más activos, se unieron a la clase para adultos de la escuela dominical, ayudaron en la enseñanza de las clases para niños, eran voluntarios en comités, ayudaron en las cenas de la iglesia y sirvieron como ujieres. Sus mejores amistades eran personas que llegaron a conocer a través de la iglesia; y por años, apoyaron a sus amistades durante período de dolor, asistieron a innumerables funerales, y celebraron los bautismos y bodas de los hijos y nietos de sus amistades. A veces visitaban a personas bajo tratamiento para el cáncer, y otras veces ellos eran los receptores de esas visitas pastorales y de amistades en tiempos de enfermedad y dolor. Mi padre sirvió en el comité que planificaba la campaña anual de mayordomía, incluso, en una ocasión, la presidió. Cuando se jubilaron, mi madre y mi padre hicieron el programa de estudios bíblicos de DISCIPULADO, ayudaron con la entrega de comidas (Meals on Wheels) y en el mantenimiento del edificio de la iglesia.

El ministerio de la First United Methodist Church en El Río que cambió mi vida y la vida de mis padres y de mi familia fue sencillo y básico: iniciar contacto y dar la bienvenida a las personas nuevas; proporcionar una adoración atractiva y auténtica; ofrecer oportunidades para niños, jóvenes y adultos de crecer en el conocimiento del amor de Dios; proporcionar canales para el servicio significativo en el comunidad; y ayudar a los miembros a madurar en el dar. Por medio de esas actividades normales de la congregación llevadas a cabo consistentemente bien, Dios moldeó nuestras vidas de maneras sorprendentes.

Mis padres fueron miembros de la First United Methodist Church de El Río durante más de treinta y cinco años, y retrospectivamente se puede trazar su crecimiento en su compromiso y actividades, el conocimiento creciente de su fe, y su sentido en expansión de responsabilidad por su iglesia, comunidad y el mundo. En treinta años, han pasado de no tener una relación significativa con una iglesia y sólo el deseo naciente de aprender más en cuanto a la fe, a un compromiso total, liderazgo y servicio a la iglesia y a un conocimiento más profundo y enriquecido de la fe. La influencia de la congregación en mi propia vida ha sido inmensurable. Aún si no hubiera respondido al llamado al ministerio ordenado, las ricas experiencias en la comunidad, fe, servicio y generosidad hubieran profundamente moldeado mi entendimiento del mundo, las maneras de Dios y mi vida interior.

Si pudiéramos de alguna manera tomar las vidas de mis padres y extraer de su experiencia todas las influencias acumuladas en esos treinta y cinco años de membresía en la iglesia, serían personas totalmente diferentes e irreconocibles. Si pudiéramos remover todo el cambio, aprendizaje y crecimiento que vino a ellos por medio de amistades, cultos de adoración, lecciones de la escuela dominical, estudios bíblicos, cenas de la iglesia, oraciones personales, y proyectos de misión, no puedo ni imaginar cómo serían hoy, cómo percibirían el mundo, de qué maneras se relacionarían con su comunidad, o de qué diferente manera experimentarían el conocimiento y experiencia de la paz, gozo, esperanza comunidad, fe y amor. Serían personas totalmente diferentes de las que llegaron a ser.

El peregrinaje en la fe que acabo de describir con mi familia se repite millones de veces en miles de Iglesias Metodistas Unidas. En congregaciones pequeñas, grandes, urbanas, suburbanas, rurales, y de manera maravillosa y magnífica, se acoge a las personas, se transforman corazones, se constituyen comités, se proporcionan servicios, y personas de todas las latitudes de la vidas crecen en la gracia y en el amor a Dios y al prójimo. Cada año, Dios utiliza congregaciones para hacer discípulos, formar en la fe, transformar vidas y cambiar el mundo.

Recientemente asistí al aniversario centenario de una iglesia con un asistencia semanal de unas trescientas personas. En el banquete de la tarde, los líderes de la iglesia honraron a las personas que habían sido miembros por treinta años o más, cincuenta años o más, incluso setenta años o más. Reconocieron a los miembros del coro que habían cantado fielmente por más de cincuenta años. Lo más memorable para mí fue el trabajo de un miembro de la iglesia que meticulosamente había preparado un registro de la iglesia que incluía los nombres de todos los miembros durante esos cien años de historia de la iglesia. El registro tenía más de 9.990 nombres de personas. Me sentí conmovido al pensar que cerca de 10.000 personas quienes a través de una congregación se han sentido rodeados del amor de Dios, han experimentado el suficiente sentido de pertenencia que les propulsó a comprometerse a la membresía, han abierto sus vidas en la presencia trasformadora de Dios en la adoración semanal, y se han nutrido en la fe al madurar en el amor a Dios y al prójimo. Qué impacto tan excepcional ha producido esa congregación para los propósitos de Dios en las vidas de tantas personas –en sus familias y entre incontables visitas que no se pueden ni nombrar, y en las que no llegaron a ser miembros por décadas. Que impacto más sorprendente ha producido esa congregación para los propósitos de Cristo en la comunidad, en el estado y en el mundo. Imaginen la cantidad de amistades que trasforman vidas que se ganaron, la gracia sustentadora descubierta, el amor que se ha dado y recibido, la esperanza inspirada, el gozo encontrado, la justicia proclamada, y la experiencia de la nueva vida de tantas personas a través de una sola congregación.

Por medio de prácticas sencillas que se mejoran con el tiempo, las congregaciones causan gran impacto en las vidas de las personas. A través de actividades básicas que son expresión de la gracia previniente, justificadora y santificadora de Dos revelada en Cristo, la iglesia cumple con su misión. El hacer discípulos conlleva un esfuerzo cooperativo continuo por parte del Espíritu Santo y la iglesia, y así acercar a las personas a una relación con Dios y el prójimo a través de la fe en Jesucristo. La manera principal por la que Dios atrae a las personas a una relación mutua y con Dios es por medio de congregaciones y comunidades de fe. Las iglesias no son clubes, agencias de servicio social, cadenas de amistades ni centros comunitarios. Las iglesias son expresión del Cuerpo de Cristo, el medio por el cual Dios se acerca a las personas con el regalo y la demanda de la gracia de Dios.

Dios cambia vidas a través de las congregaciones, lo cual pone sobre los pastores y líderes congregacionales la increíble y gozosa responsabilidad de cultivar la vitalidad, salubridad, claridad de propósito y fidelidad en la práctica de la vida congregacional para que la misión de Cristo prospere. Las prácticas ejemplares y que se repiten de la hospitalidad radical, adoración apasionada, desarrollo intencional de la fe, misión y servicio arriesgados y generosidad extravagante son los medios que resisten la prueba del tiempo, teológicamente sólidos y eficaces que utilizan las congregaciones para cumplir su misión con excelencia y con fruto para la gloria de Dios. Estas prácticas dirigen a la iglesia a una visión renovada y engrandada, como lo han hecho por cientos de años. Las congregaciones han sido llamadas a cambiar el mundo, no solamente a mantener sus puertas abiertas. Dios obra a través de las congregaciones para transformar vidas.

Preguntas para la conversación

- ¿Qué cree usted que sucedería en su iglesia si la congregación se comprometiera a ejecutar estas cinco prácticas con excelencia? ¿Qué cambiaría? ¿Quién vendría a la iglesia que no viene ahora? ¿Qué es lo que más le entusiasma de esta idea? ¿Qué es lo que más le asusta?

- ¿De qué manera moldearía su propio peregrinaje en la fe la realización de estas cinco prácticas de una manera intencional? ¿De qué manera cambiarían sus hábitos, valores y actitudes? ¿De qué forma cambiaría su relación con Dios, con la iglesia y con su prójimo?

CPSIA information can be obtained at www.ICGtesting.com
231710LV00003B/4/P